JN267716

20代で始める「夢設計図」

必ず"スピード成功"する
5つの原則

GMOインターネット株式会社
代表取締役会長兼社長
熊谷正寿

大和書房

はじめに——20代で最優先すべきこと

「なりたい自分になる」ことが人生における成功であり幸せである、私はそう考えています。

つまり人生とは、「なりたい自分」になって成功と幸せをつかむことを目指して歩む「がんばりのプロセス」だと思うのです。となれば、夢・目標を明確に定めて、いつまでに何をどう実現させていくかを考えることが必要です。

そのための時間——自分自身の人生を考え、成功と幸せの設計図を描く時間を持つことこそが、20代で最優先すべきアクション。20代という時間は、「なりたい自分になる」ために人生の土台づくりをする時代と言えるでしょう。

ではなぜ、夢・目標が大切なのでしょうか。

それは、人は夢で思い描く自分の姿以上の自分にはなれないからです。

「空を飛びたい」と夢見た人にしか飛行機は発明できません。エベレストの頂上に立てるのは、「世界最高峰を制覇する！」という目標を持った人だけですし、「オリンピックで金メダルを取る！」という強烈な願望がない人は金メダリストになれません。

夢・目標があればそれに向かって行動することができますが、なければ行動のしようもないからです。

人生も同じ。「人生は大いなる暇つぶし」なんて考える人は、時間をムダづかいするだけ。それよりも、夢をたくさん持って、次々と実現させていく人生のほうが、どれほど楽しく、充実感と幸福感に満ちた時間が得られるかは、言うまでもないところでしょう。

本書を手に取った20代のみなさん、1日も早く自分の夢・目標を見つけましょう。もちろん、夢を抱くのに「遅すぎる」ということはありませんが、早いうちのほうが時間はたっぷりあります。実現の可能性もそれだけ高まるというわけです。

現時点では、夢・目標が視界のはるか彼方、自分の〝心の目〟にしか見えないところにあるものであったとしても大丈夫。船だって目標地点を定めているから、大海原を航海し続けることができるのです。夢・目標があれば自分がどう進むべきか、その道筋がちゃんと見えてきます。

20代で始める「夢設計図」　目次

原則2 自分が笑顔になれる仕事を選ぶ！ 仕事が楽しくなる6つの考え方

装丁　櫻井浩（⑥Design）
編集協力　千葉潤子

これは、皆さんへのお願いです。

この本は、赤ペンを片手に読んでください。

なぜなら、あなたの人生の時間の節約になるから。

そして、人は忘れる動物だからです。

大切なところに赤ペンがひいてあれば、

読み返す時にも短い時間で要点だけをひろうことができます。

よく、本を汚すことを嫌がる人がいますが、

私は、本は汚した方がいいと思っています。

本は大切なことを学ぶためにあるのですから、

綺麗に保存することに意味はありません。

本のエッセンスをきちんと吸収することが大切なのです。

あなたの夢の実現に役立てるため、

この本でいいと思うところにはどんどん線を引いて、

思ったことはすべて、書き込んでください。

きっとあなたに足りないところを、ペンが教えてくれるでしょう。

原則1

20代のうちに「夢設計図」を作る!

夢を見つける3つのステップ

「何をしたいかわからない人」へ

▼夢は、実現するより、見つけるほうが難しい

「夢・目標を見つけましょう」と言うと、たちまち困ってしまう人が少なくありません。「自分が何をしたいのかがわからない。だから、悩んでいるんじゃないか」と頭を抱えてしまうのです。

たしかに、**夢は実現することより、見つけることのほうが難しいかもしれません。**私自身、20歳のころは苦しい生活にあえぐなか、自分の将来に対するイメージなんて、これっぽちもわかなかったというのが正直なところです。

高校を中退して17歳から父の仕事を手伝っていた私は当時、朝から晩まで仕事に忙殺される社会人であり、放送大学で勉強する学生でもありました。20歳のときに結婚し、娘にも恵

まれていましたので、家では夫であり父でもありました。

働いているわりにはお金もなく、家計は火の車。住んでいた家は、文字通り傾いた古いアパート。ドライヤーと電子レンジを同時に使うと、ヒューズが飛んでしまう15アンペアの部屋。屋上にあるヒューズボックスを開けられる朝まで、ロウソクの灯で過ごした夜が幾度あったか……みじめさで押し潰されそうになっていたのです。

そんな状況で将来を思い描くのは至難の業でした。しかし、他方で私は、ただがむしゃらに日々を過ごし、時間が浪費されていくだけの人生に焦りを覚えていました。「僕は本当は何をしたいんだろう」と悩んでもいました。だからこそ、

「夢・目標が必要だ」

「行き先を決めれば、現状を打破して、夢に向って前に進める」

と考えたのです。

おそらく、読者のみなさんは私のように極貧で余裕がないわけではないと思いますが、たとえ「裕福ゆえに、これ以上の何を望めばいいのかわからない」のだとしても、状況は若いころの私と同じ。夢・目標を明確に定めることが、より良い人生を築いていくための突破口

となるでしょう。

具体的に夢・目標を考える前に、「後悔しない人生とはどんな人生か」を考えることをオススメします。「後悔しない人生を歩みたい」というのは、万人に共通の願いでしょう。ここをハッキリさせて、夢・目標をカタチにしていくのです。

とはいえ、これもまた難問。「あなたにとって後悔しない人生とは、どんな人生ですか？」と問われて即答できる人は少数でしょう。「後悔しない人生を歩みたい」にもかかわらず、それがどんなものかがよくわからない、という矛盾に苦しむのです。

▼後悔する7つの人生

その定義の仕方として有効なのは、逆に「後悔する人生とはどんな人生か」を考えることにあります。これなら、いくつでも出てくるのではありませんか？　ヒントとして、私が考える「後悔する７つの人生」を列挙してみましょう。

一つ、心が絶えずザワザワして落ち着かない人生

二つ、いつも不平・不満ばかり言っている人生
三つ、恨《うら》み・妬《ねた》み・僻《ひが》み・嫉《そね》み…「み言葉」に満ちた人生
四つ、何を決めても達成できない人生
五つ、欲しい物がたくさんあるのに、何も手に入らない人生
六つ、何かを勝ち得ても、その喜びを周囲の人と分かち合うことができない人生
七つ、やっていることが何も、人や社会に役立たない人生

どうです？　こんな人生を送ったら、誰もが後悔すると思いませんか？　知人にこの「後悔する7つの人生」を話したところ、彼女は「聞いただけで、気持ちが悪くなってきた」と言っていましたっけ。

こんなふうに「後悔する人生」を考えると、いやでもその逆をいこうという思いが強くなります。喉元から苦さがこみあげ、「こんな人生、イヤだ！」と心底、思うからです。

そうなったら、シメたもの。「後悔しない人生」がどんなものなのかがわかります。前の例で言えば、

「恨み・妬み・僻み・嫉みのない清らかな心と、あらゆることに感謝する気持ちを持ち、心穏やかに人生を送る。決めたことをすべて達成し、欲しい物を手に入れ、何かを勝ち得たら周囲の人と喜びを分かち合う。人や社会に役立つことを、生涯の仕事とする」

これを実現する、それがまさに「後悔しない人生」と定義できるのです。

これをやっておくと、邪《よこしま》な心から発する間違った夢・目標を排除できます。周囲の人を不幸にしたり、社会に迷惑をかけたりすることもお構いなく、間違った夢に向かって突っ走る愚を犯さずにすむでしょう。

「後悔しない人生」とは、自分自身の幸せと、周囲の人々や社会の幸せがリンクして初めて実現するものだと、私は思います。

ステップ1　自分の将来に自分で枠をはめない

▼やりたいことは自由にリストアップ

夢・目標を定め、夢設計図を考えるときには、自分の将来に自分で枠をはめることがないよう、自由にやりたいことをリストアップしていくといいでしょう。

というのも、大半の人が夢を思い描くときに、「これは夢のまた夢だな。かないっこないや」と決めてかかり、リストからはずしてしまいがちだからです。

それはもったいない！　可能性の芽を自ら摘んでしまうことになります。

その夢が、現実の自分とはかけ離れたものであったとしても、その溝を埋めていく努力をするところにこそ、生きる喜びがあるのです。

とはいえ、最初のうちは、やりたいことがなかなか思い浮かばないかもしれません。でも

大丈夫、常に自分自身に、

「私は何をやりたいんだろう?」

と問いかけていると、ごくふつうの日常生活のなかで、さまざまなやりたいことにぶつかるようになります。自分の願望に対して、敏感になれるのです。

たとえば、テレビの人物ドキュメンタリー番組を見ていて「こういう人になりたいな」と思う。

オフィスビルで、外国人とペラペラの英語でコミュニケーションをする日本人ビジネスマンを見かけて、「英語を駆使してグローバルな仕事をするのってかっこいいなあ」とあこがれる。

食事したレストランでおいしい料理に出合い、「こういう料理を作ってみたい」という願望を抱く。

そういったすべてのことが夢なのです。日常生活で遭遇する、「いいな。あんなことしたいな。こんなことしたいな」というものを片っ端からメモしていけば、すぐに20や30の夢をリストアップできるはずです。

▼一生分の夢を書き出してみる

夢というのは、頭のなかに漠然とあるもの。夢を抱いている本人が気づかないために、行き場を失っているケースが多々あります。とりあえずは「実現可能かどうか」なんて予測は立てずに、頭のなかから洗いざらい出してしまいましょう。

なにしろ、20代のみなさんにはまだ、50年、60年、70年という膨大な時間があります。この際、現時点で思いつく限りの一生分の夢を書き出してください。なかには、「これは60代になってから取り組む夢」とか、「結婚することを前提にした夢」といったものがあってもいいのです。

夢とは不思議なもので、一つ見つけ出すと、芋づる式に出てきます。しかも、「夢を持つ」ことが習慣になれば、その後の人生を歩むなかでまた、新しい夢が生まれてきます。

いちばんよくないのは、夢が芽生えても「でも、ムリに決まってるよ」と現状と照らし合わせて自分を納得させてしまうこと。それが習慣になると、夢からどんどん遠ざかっていくばかりです。

夢をあきらめるのではなく、夢を持つことを習慣にしましょう。

ところで、私も21歳のときに「やりたいことリスト」を作成したことで、それまで内に抱えていた苦渋がみるみる溶けてなくなりました。

「僕にはお金もないし、学歴もない。自由に使える時間もない。でも、夢はこんなにたくさんある」

夢が現実の苦しさに、一筋の明るい光を投げかけてくれたようでした。そして、自分にはこれだけの夢があると認識することで、夢に近づく努力をしようという元気がわいてきました。

「やりたいことリスト」を作ると間違いなく、心が落ち着きます。元気とやる気が満ちてきます。

「やりたいことがわからない」と悶々とするのが20代ですが、どうせ悩むなら、「わからない、わからない」という言葉を頭のなかでグルグル回さず、「あれもやりたい、これもやりたい」と頭に具体的な指示を出す。そのほうがずっとオトクな時間の使い方ができるのです。

【やりたいことリストの使用例】

［社会・仕事］

日付	やりたいこと
4.15	小説を書いてみたい
4.15	独立して事業を興したい
4.20	トップセールスをあげる
4.30	地域でボランティア活動をする

［知識・教養］

日付	やりたいこと
4.15	一流の経営者たる素養を身につける
4.15	グローバルビジネスマンに必要な英語力を身につける
4.23	何かの専門分野で博士号をとる

↓

【夢・人生ピラミッド】へ転記する

（P33参照）

ステップ2 「夢・人生ピラミッド」を作る

▼バランスのとれたピラミッドの作り方

私は21歳のとき、「やりたいことリスト」を作る一方で、「夢・人生ピラミッド」なるものを構築しました。これは、「後悔しない人生」を生きて、幸せを達成するための基本設計図のようなもの。熊谷オリジナルのプランです。

自画自賛するわけではありませんが、この「夢・人生ピラミッド」はとてもよくできています。みなさんが自分の夢や人生を設計するときにもきっと、役立てていただくことができると思います。

すでに、拙著『一冊の手帳で夢は必ずかなう』（かんき出版）や、種々の講演会でご紹介していることもあり、最近は自分の夢を投影したピラミッドを作って私のところへ「見てください！」と持ってくる若者も増えてきました。

ただ残念ながら、ピラミッドとしての整合性がとれていないプランも少なくないのが現実。

たとえば、仕事分野で「多少の贅沢が許される程度のボチボチのサラリーマン生活が送れれば言うことなし」としながら、プライベートでは「5億円の家を建てる！」とか「フェラーリを乗り回す」なんて夢を思い描いている……なんて場合があります。

「それ、ボチボチのサラリーマンじゃムリでしょ？　少なくとも年収2～3千万円を稼ぐ人にならないと、豪邸や高級外車はただの絵に描いた餅にしかならないよ」

ということです。そういう矛盾する夢をはめこんだピラミッドでは、せっかくのプランも台無しです。

そこで本項では、熊谷式「夢・人生ピラミッド」の基本的な考え方と、バランスのとれた実践可能なピラミッドを作るヒントについて、詳しく説明したいと思います。

▼「夢・人生ピラミッド」を構成する6項目の意味

私の「夢・人生ピラミッド」は3段階・6セクションに分かれています。

最下段にある3項目が「基礎レベル」。その中央に、すべての夢達成の基礎となる「健康」を据え、左が「教養・知識」、右が「心・精神」です。

これら基礎レベルにある3項目は、まさに人生の土台を築くもの。建築で言えば、地震や嵐に負けない頑丈な、また自分の理想とする生活が営めるだけの機能を備えた建物を建てるための基礎に当たります。

また、中央の段に据えたのは、「社会・仕事」と「プライベート・家庭」の2項目。夢をかなえるための「実現レベル」に相当します。

さらに最上段は、「経済・モノ・お金」で、ここに含まれる夢を「結果レベル」と位置づけました。

つまり、この「夢・人生ピラミッド」は、「何よりも大切なのは健康。日ごろから健康維持に努めるとともに、多少のムリをしても心身が壊れないだけの体力をつける。また、あらゆる分野の専門家と話ができるような教養・知識を身につけ、曇りのない強く開かれた心を持つ。この基本がちゃんとできれば、自ずと仕事と家庭の夢実現に向って行動できるし、達成できれば結果的に経済的な豊かさにも恵まれる」ことを意味しています。

私が20代の重点課題としたのは、言うまでもなく「基礎レベル」です。ここをないがしろにすると、人生を間違えます。

「夢を持ちましょう」と言うと、いきなり「結果レベル」だけを見てしまいがちですが、それはいけません。

仮に、究極の目標が「大金持ちになる」といったことで、それだけを最優先してしまうと、ただがむしゃらに働いて体がボロボロになったり、家族の幸せを犠牲にしたり、あるいは人を騙したり、不正を働いたり……努力の方向を間違えてしまいます。

この世の中、欲に振り回されて、道を誤る人は数え切れないほどたくさんいます。そうならないためにも、まずは「健康」、「知識・教養」、「心・精神」の3項目をがっちりと固め、しっかりとした〝幸せの根〟を張り巡らせることに集中しましょう。

成功やお金は、「夢を達成した結果、手に入る」もの。「基礎レベル」、「実行レベル」における夢を追求せずして手に入れようと考えるのは、本末転倒というものです。その点を間違えないでください。

▼各項目の「究極の目標」を設定する

項目の意味を理解したら、次は各項目で「究極の目標」を設定することをオススメします。細かな行動目標から入ると、夢に向う方向性が定まらないからです。

「究極の目標」とは、わかりやすく言えば、生涯を通じて挑戦していくべきテーマのようなもの。「ここで終わり」というゴールがない、でもいつまでもその終わりなきゴールに向って努力を続けることができるようなものが望ましいでしょう。

人間は生涯、努力と勉強を続ける生き物ですが、目標がなくなるとすぐに怠けるのもまた人間。たとえば、「英検一級を取得する」を「知識・教養」ジャンルの「究極の目標」に設定してしまうと、英検一級を取得した時点で努力と勉強を続けるモチベーションがなくなり、いわゆる「燃え尽き症候群」状態に陥ってしまわないとも限りません。

でも、その向こうに「グローバルな人脈と渡り合えるだけの知識・教養を身につける」といった「究極の目標」があれば、英検一級の取得は単なる通過点であり、そこで夢に向う気持ちが萎えたり、行動力が鈍ったりすることはありません。

「究極の目標」には、次のようなものが考えられます。

○「健康」――死ぬまで健康維持！
○「教養・知識」――世界中のあらゆる分野の専門家と渡り合えるだけの知識・教養を身につける
○「心・精神」――何があっても挫けない強い心、清く正しい心を持つ
○「社会・仕事」――社会と人々に役立つ仕事に取り組み、どんな分野であれ、一流のビジネスマンになる
○「プライベート・家庭」――自分を含めた家族全員が笑顔でいられる家庭生活を営む
○「経済・モノ・お金」――仕事を引退しても豊かに暮らせる経済力を蓄える

「ずいぶん抽象的な目標だなぁ」と感じるかもしれませんが、言葉としては〝雲をつかむようなもの〟であるからこそ、その境地を目指してたくさんの夢を持つことができます。

たとえば、「社会と人々に役立つ仕事に取り組み、どんな分野であれ、一流のビジネスマ

ンになる」という「究極の目標」があれば、会社員である現時点の目標だけではなく、転職や独立、引退後の仕事の夢も広がるはず。「究極の目標」は、将来どんな状況になろうとも自分自身を見失わずに夢を追求する道しるべ的な役割をも果たしてくれるのです。

▼「やりたいことリスト」を各項目に当てはめる

こうして「究極の目標」を設定した「夢・人生ピラミッド」が出来上がったら、あとは「やりたいことリスト」でリストアップした夢を各項目に当てはめていくだけです。

人によって夢は違いますが、夢の種類に応じて「こんなふうに分類すればいい」というサンプルをいくつかご紹介しておきましょう。自分自身のやりたいことを抽出するのに、多少の役に立つでしょう。

○ フェラーリのオーナーになりたい↓「経済・モノ・お金」
○ 小説を書いてみたい↓「社会・仕事」
○ 体重70キロを維持したい↓「健康」

○20代のうちに結婚・出産をする↓「プライベート・家庭」
○職場のみんなに好かれ、尊敬される人間になりたい↓「心・精神」
○独立して事業を興したい↓「社会・仕事」
○一流の経営者たる素養を身につける↓「知識・教養」
○グローバルビジネスマンに必要な英語力を身につける↓「知識・教養」
○ゴルフのシングルプレイヤーになりたい↓「プライベート・家庭」
○きちんと体調管理をして、常に元気を保つ↓「健康」
○都心に一戸建てのマイホームを建てる↓「プライベート・家庭」
○何かの専門分野で博士号を取る↓「教養・知識」
○億単位の資産を築く↓「経済・モノ・お金」
○自分のホームページをネットに公開する↓「プライベート・家庭」
○トップセールスをあげる↓「社会・仕事」
○地域でボランティア活動をする↓「社会・仕事」
○ジムに通って体力づくりに励む↓「健康」

○カラオケのレパートリーを増やし続ける↓「プライベート・家庭」
○時事問題に強くなる↓「教養・知識」
○競走馬の馬主になる↓「経済・モノ・お金」
○子どもにとってベストな教育環境を整える↓「プライベート・家庭」
○何事もあきらめない精神力を持つ↓「心・精神」
○リタイア後は若手育成の仕事につく↓「社会・仕事」

といった具合です。たいていの夢は、この6項目に分類できるのではないでしょうか。

この作業は「やりたいことリスト」を機械的に分類するだけ。誰もがすいすいと進められると思います。

もし、「この6分類じゃあダメだ」という場合は、どうぞあなたオリジナルのピラミッドを作ってみてください。

【夢・人生ピラミッドの使用例】

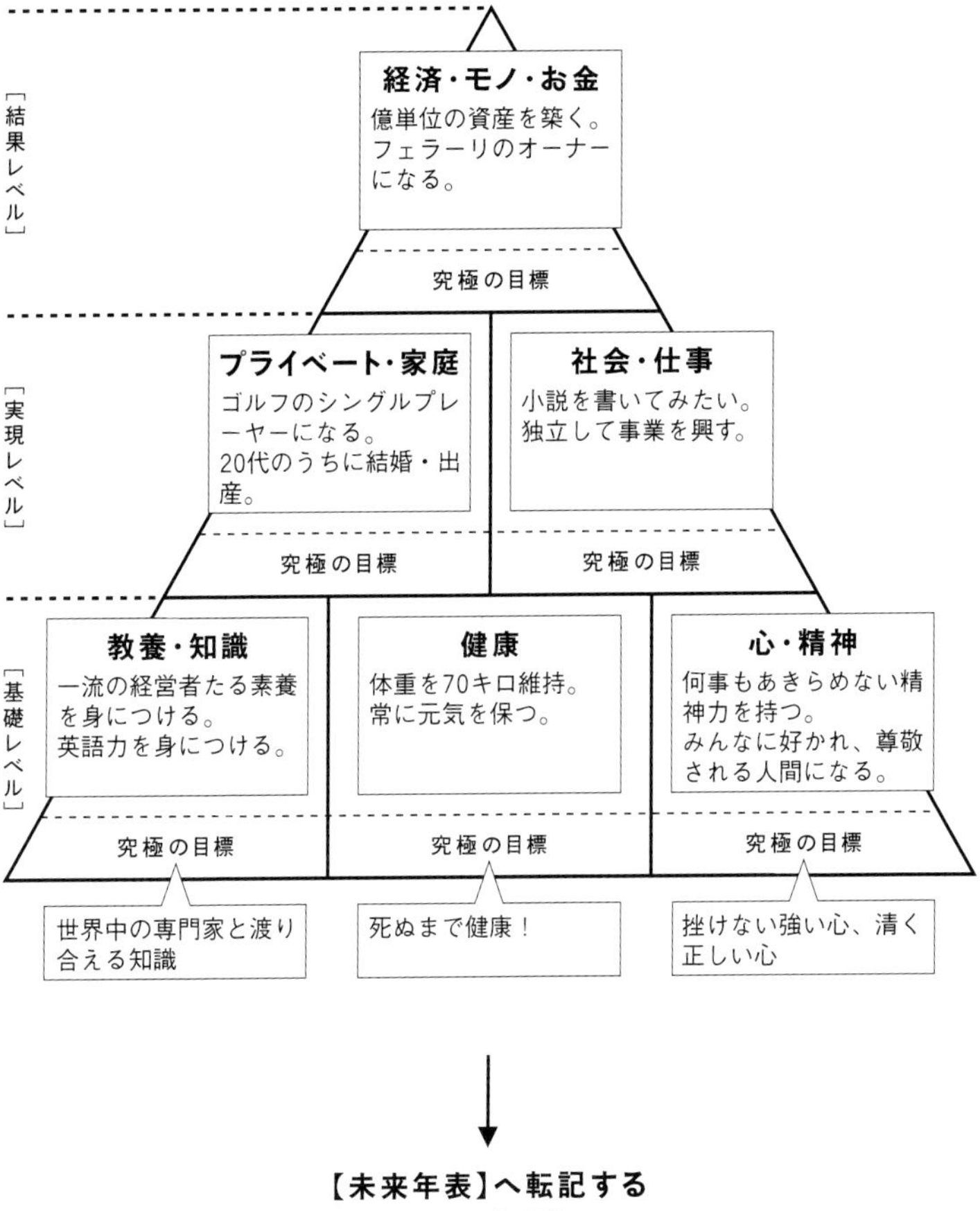
[結果レベル]
経済・モノ・お金
億単位の資産を築く。フェラーリのオーナーになる。
究極の目標
[実現レベル]
プライベート・家庭
ゴルフのシングルプレーヤーになる。
20代のうちに結婚・出産。
究極の目標
社会・仕事
小説を書いてみたい。
独立して事業を興す。
究極の目標
[基礎レベル]
教養・知識
一流の経営者たる素養を身につける。
英語力を身につける。
究極の目標
世界中の専門家と渡り合える知識
健康
体重を70キロ維持。
常に元気を保つ。
究極の目標
死ぬまで健康！
心・精神
何事もあきらめない精神力を持つ。
みんなに好かれ、尊敬される人間になる。
究極の目標
挫けない強い心、清く正しい心

【未来年表】へ転記する

（P45参照）

▼夢の整合性をチェックする

この「夢・人生ピラミッド」を実現可能なパーフェクトなものにするためには、最後にもう一段階の作業――夢の整合性をチェックすることが必要です。

本項冒頭でお話したように、これをやらないと矛盾する夢を同居させてしまうことになり、「実現不可能」なイビツなピラミッドになってしまうからです。

たとえば、あなたが「フェラーリのオーナーになりたい」、「クルーザーのオーナーになって7つの海を制覇する」、「数億円の豪邸に住み、海外にも別荘を持つ」といった夢を抱いたとしましょう。

親の莫大な遺産が見込めるとか、「確実に年末・サマージャンボ宝くじが複数回大当たりする」とわかっている、などの前提があるのなら話は別ですが、この種の夢をかなえるにはふつう、ビジネスで巨万の富を築くしか方法はありません。

それなのに、仕事の分野における夢が「出世なんて望まずに、定年までつつがなくサラリーマン人生を全うする」というようなものだとしたらどうでしょう？　フェラーリやクルーザー、ヨットの夢はかないません。

自分にとって、どの夢が最も重要かつ最優先なのか、そこをよ〜く考えて、プランを練らなくては、ピラミッドそのものの意義がなくなります。夢と、現実にやろうとしていることに対する心構えが非常にアンバランスになってしまうのです。

20代というのは、この辺のバランス感覚が欠如している年代でもあります。私がこの「夢・人生ピラミッド」を作った背景には、無尽蔵に湧き上がる、ともすれば物欲に走ってしまいがちな夢のバランスをとる目的もありました。

実は私も20代のころは、多くの若い人たちと同じように、絵に描いたような金持ちの暮らしを夢見ていました。

しかし、物欲から入った夢を抱いたにせよ、それらを本気で実現させたいなら、仕事その他の部分でどんな人生を実現させなければならないかを考えなければ夢は空回りします。

「ちょっと待てよ。僕はフェラーリに乗りたい。でも、お金がないのにフェラーリに乗ってもかっこいいか？　百歩譲って、ムリなローンを組んで買えたとしても、家族は笑顔になれないよな。そんなにお金があるなら、まず住む家を何とかしろと文句を言うのがふつうだよな。それに、スポーツカーのメーカーは車体の重量を一キロ減らすのにすごい研究を重ねているというのに、自分がこんなに太っていていいのか？　馬車馬のように働いてお金を貯めるにしても、病気になったらフェラーリどころじゃないぞ」と。

そんなこんなを考えると、「フェラーリが似合う男になるには、青年実業家を目指して一財産築くしかない。健康に細心の注意を払いながら元気にバリバリ働き、会社を上場させるまでに成長させることができて初めて、結果としての富が手に入るんだ」とわかります。

さらに、「ならば、独立して会社を経営するためには何が必要だ？」となり、「法律や会計の知識がなくちゃダメだ。英語もしゃべれなきゃ。マネジメント能力を身につけ、向上させるための勉強もしなくちゃ。何より、事業を始める資金をまず、稼ぎ出さなくては。投資にも挑んでみよう」

といったところまで考えるようになります。

私はフェラーリに乗りたくて青年実業家を目指したわけではありませんが、仮にこういう物欲から入った夢であったとしても、最終的には夢の整合性を図らなければならないということです。

▼「いちばんやりたいこと」は、何か？

「夢・人生ピラミッド」を作ったとき、私は、「自分の会社を設立し、35歳までに上場させる」ことを夢の軸に据えて、ほかの項目の夢との整合性を図っていきました。「一流の経営者になるためには、何を目標にすればいいか」という観点から行動目標を設定し、「やりたいことリスト」でリストアップした夢と摺《す》り合わせていったわけです。

結果、「やりたいことリスト」にリストアップした夢を上回る数の行動目標が出てきました。とくに、勉強しなければならないことが多いの何のって……！　一瞬、「こりゃ、ムリだわ。やめようかな」と思ったほどです。

でも私には、「やっぱり実業家になって成功したい」という強い思いがありました。だから、「あきらめるものか」と歯を食いしばり、「夢・人生ピラミッド」の全項目を満たす人間――「全人」を目指して、挑戦を始めたのです。

以上が、「夢・人生ピラミッド」の骨子と作り方です。最後の整合性の部分は誰しも悩むところだと思いますが、自らに、

「いちばんやりたいことは何だ？」

と問いかけながら、バランスのとれた自分オリジナルのピラミッドを作ってみてください。

それだけでもう、やる気が満ち満ちてくるに違いありません。

ステップ3 「未来年表」を作り、自分の未来を描く

▼夢の達成期限を決める

自分にとって完璧な「夢・人生ピラミッド」が完成したら、あとはいつまでに何をするかの予定を立てるのみ。夢は達成するためにあるものなのですから、一つひとつの夢について達成プロセスを計画・実践していくことが求められます。

「この夢をいつかかなえよう」なんて悠長に構えていてはダメ。「いつか」と「お化け」は現実になった試しがないのです。

実際、「いつか会おう」と言うだけで、会わないまま何年もの月日が経ってしまった友だちはいませんか？　年賀状に毎年のように「今年こそ会いましょう」と書くだけで、いっこうに会えないような友だちが……。「いつか」なんて曖昧な約束をするから、いつまで経っ

ても「会う」という行動が起こせないのです。あるいは、本気で会いたいと思っていないから、「いつか」で逃げているのかもしれません。

夢も同じ。「いつか」かなえようと思っているだけでは行動が起こせないし、本気でかなえようという気持ちがないと「いつか」と逃げて、行動計画を棚上げにしてしまいがちなのです。

本気で夢をかなえたいのなら、とにかく達成期限を決めて、そこから遡《さかのぼ》って行動プランを立てることが重要です。

私自身は、20歳の頃、自分の未来を考え、「会社を設立し上場させる」期限を15年後の35歳と決めて、一気に15年分の「未来年表」を作成しました。白状すると、15年という期限にあまり意味はありません。Ｂ４用紙を横にして表を作ったときに、ちょうど15年分入ったので、そこを達成期限としただけです。

それでも、その年表の予定を忠実に行ってきた事で、わずか１カ月の誤差で奇跡的に夢を達成することができたのですから、夢達成のためには期限を決めることが、いかに重要かがわかるでしょう。

▼時代の波に左右されない夢をつかむ

この15年分の「未来年表」のうち、「健康」や「教養・知識」、「プライベート・家族」等の項目は一生かけて取り組むテーマが大半なので、いまも当時の年表を生かし、新たな夢を加えながら日々の行動計画を立てています。

ただし、「社会・仕事の部分だけは、予定通り35歳と1カ月でジャスダック上場を果たして以降、「55年計画」として特化させています。いま現在の私の夢はすなわち会社の夢であり、社員の夢ですし、事業の進展にともない夢も複雑多様化しているため、一つの独立した項目として考える必要が生じたからです。

この「55年計画」には、どんなプロセスを経て、将来的に売り上げ10兆円の企業にしていくかがすべて、数字で表現されています。売り上げや経常利益だけではなく、従業員数、グループ会社数、上場企業数等、実に細かい項目で数値目標を立て、「私が88歳を迎える２０５１年、ＧＭＯインターネットをグループ会社２０２社、従業員20万人、売り上げ10兆円、経常利益１兆円の会社にまで成長させる」という夢に向って進んでいます。

それはさておき、15年とか55年とか、かなり長期の計画を立てるとなると、「明日のこともわからないご時世なのに、意味はない」と反発する人も多いでしょう。おっしゃるとおりです。

しかし、状況が変われば、年表を見直せばいいだけのことです。それに、時代に翻弄されるのが人生だとしても、それで「究極の夢」が揺らぐようではナサケナイ。達成時期に遅れが出たり、一つの夢を別の夢にスイッチしたりなど、多少の軌道修正は必要になるでしょうが、「未来年表」の大筋はビクともしないはず。**時代の波に左右されないのが夢であり、変化に柔軟に対応してカタチを変えていける余力を有しているのもまた夢なのです。**

この際、「とりあえず、1年分だけ作ってみるか」なんてケチなことは言いっこナシです。10年・20年・30年先の夢を見据えて予定を立ててこそ、今年の予定も立つというものです。

また、年数が年数だけに、予定を立てるにも膨大な時間を要すると思う人もいるでしょうが、そんなことはありません。私の経験から、2～3日もあれば十分です。お正月とかゴールデンウィーク、夏休みなど、まとまった休暇がとれるときに年表に取り組んでみてください。

▼未来年表の作り方

ところで、「未来年表」の作り方は、いたってシンプルです。参考までに、私のフォーマットを紹介しましょう。

縦軸上段に「家族・環境」の項目を設けて、その下に「夢・人生ピラミッド」6項目の欄を作ります。各項目の行数は将来的な加筆も考慮して「夢の数＋α」分が必要。「家族・環境」欄には、家族の人数分だけ、段数を設けるといいでしょう。

また横軸の左には、「究極の目標」、「将来」、「いま」、「差」という4項目を設けて、その後に年齢欄を必要な年数分作ります。

こうして表の枠組みを作成したら、まず、「究極の目標」と、「夢・人生ピラミッド」で項目別にリストアップした夢を「将来」欄に記入します。続いて、現状を正しく見つめて端的に記しておきます。たとえば、「起業の夢はあるけれど、何もしていないのが現状であるなら、「会社設立資金0、マネジメントスキル0」などと書けばいいのです。誰が見るものでもなし、自分に見栄を張る必要はありません。

ここまでできたら、あとは数年、数10年先のゴールを決めて、1年目はこれ、2年目はこれと行動の年間目標を決めていくだけでOKです。

たとえば、「教養・知識」分野で「3年後に一通りの財務知識を身につける」のを目標とする場合、現時点で「知識0」ならば、1年目に「財務の基礎知識を学ぶ書物を10冊読破する」、2年目に「財務に関連したビジネス講座を受講する」、3年目に「財務の専門家数名と知り合いになり、情報収集をする」といった計画を立てればいいのです。

数値化できる目標なら、もっと簡単！　「5年後に頭金8百万円を貯めて、3千万円のマイホームを購入する」のが夢で、資金が現在「200万円」だとしたら、不足資金を均等割りして年間120万円の貯金をし、1年後に320万円、2年後に440万円、3年後に560万円、4年後に680万円と資金を膨らませて、5年後に800万円を達成する計画を立てるまでのことです。

【未来年表の使用例】

		究極の目標	今	将来	差	25歳	26歳	27歳
家族環境		妻		妻			25歳	
		子ども		子ども				0歳
		両親	両親	両親				父55歳母53歳
健康		死ぬまで健康維持	体重85Ｋｇ	体重70Ｋｇ	15Ｋｇ	80Ｋｇ	75Ｋｇ	70Ｋｇ
教養知識		世界中の人と話せる教養を身につける	英会話スキルゼロ	英語で仕事ができるように		英会話スクールに通う	短期留学する	ＴＯＥＩＣ800点以上とる
心精神		挫けない強い心、清く正しい心	気持ちが弱い	強い心、リーダーシップ、謙虚		空手を習う →	ボランティアに参加	黒帯をとる
社会仕事		３０歳で起業する	年商ゼロ	年商10億円	10億円	ビジネス書を10冊読破	ビジネススクールで講座を受講	起業家と沢山知り合う
プライベート家庭		明るく楽しい家庭を築く	独身でひとり暮らし	家族３人で一戸建て		２ＤＫへ引っ越す	結婚する	第一子誕生
経済モノお金		老後はスペインで暮らす	貯金200万円	貯金3000万円	2800万円	貯金320万円	貯金440万円	貯金560万円

※【やりたいことリスト】【夢・人生ピラミッド】【未来年表】を含む、『夢手帳☆熊谷式』（6穴手帳）のリフィルは、"クマガイコム（http://www.kumagai.com/）"で、販売しております。

▼誤差は調整しても、夢はあきらめない

年表に書く目標は、本当に大雑把なものでいいので、さほど大変な作業ではありません。また、長期の計画なのですから、達成時期に誤差が生じて当たり前。計画通りに進まなければ、何年後かに計画の仕切り直しをするのもアリです。「達成できないかもしれない」とか「これじゃあ、計画倒れになる」といったことは考えず、気楽に取り組んでみてください。

私自身、とくに「知識・教養」分野では、実に多くの〝やり残し〟があります。また、「自家用飛行機のオーナーになる」という目標のために立てたパイロット免許取得プランを、「自分の飛行機を操縦する専任パイロットを雇えるだけの経済力を持つ」と書き換えるなど、予定の変更もしています。

大切なのは、達成時期の遅れやプロセスの変更が生じたからといって、夢をあきらめないことです。途中で夢をあきらめることのないよう、「未来年表」を作るのだと心得ましょう。

もちろん、年表通りに事を運ぶのが目標ですが、がんばるだけがんばって達成できなくとも、落ち込むべからず、ということです。

漠然とした夢を具体化するのが20代

▼悩めば悩むほど夢に近づく

前述の3つのステップが、夢設計をするためのガイドラインです。でも、おそらく、自身の夢・目標を抽出し、行動予定を年表化してもなお、不安が去らないという若い人が多いと思います。

20代の夢というのは、実に漠然としたもの。たとえば「一流のビジネスマンになる」という夢を持ったとして、どんな分野で一流を目指すかまでは決められないのです。

しかし、それで何の問題もありません。むしろ、下手に限定しないほうがベターです。なぜなら、「どんな分野」という部分を決めるのが、20代という時間だからです。

もちろん、「プロ野球選手になって、一人でも多くの人に野球の楽しさを知ってもらいたい」とか「大学で学んだ電子技術の知識を生かして、人々の生活の利便性を向上させる新しい技術を生み出したい」など、特別な才能や技能を武器に具体的な将来の夢が思い描ける人は、それでけっこう。どんどん夢実現への青写真を描き、進んでもらいたいと思います。

ただ、大半の若者は、自分はどんな分野で才能を発揮できるのか、どんな仕事なら飽きずに続けられるのか、暗中模索の真っ最中というのが現状でしょう。

私も20代のころは、夢・目標を明確にしたとはいえ、それは「どんな分野でもいいから」という、きわめて具体性に乏しいものでした。それゆえに、知識・教養を磨くことをピラミッドの基礎レベルに置いて、勉強するなかで商売のネタ探しをしていたのです。

つまり、漠然とした夢を具体化する、そのためにあらゆることを経験し、夢に役立ちそうな勉強を重ねていくのが20代。

大いに悩んでいいのです。悩めば悩むほど、間違いなく夢に近づくことができます。「未来年表」的に言えば、30歳を夢探しの期限にする、という手もあります。

▼夢さえあれば何からでもお宝が見つかる

不思議なもので、常日ごろから「自分は夢を実現するためのネタを探している」と意識して、「未来年表」に記した行動予定に沿って経験や勉強を積んでいると、どこかで「これだ！」と快哉《かいさい》を叫ぶようなものに出合えるものです。**何も考えずに日々を送っているのと違って、ネタ探しのアンテナ感度が非常に鋭敏になるのです。**

私自身、商売のネタを見つけたのは、28歳のときでした。きっかけとなったのは、「会社を設立する資金を貯めるために株式投資の腕を上げる」という夢への行動です。

投資効果を上げるには当然、勉強が必要です。私は実際に投資を始める準備として、経済や経営の本を読み漁り、日本経済新聞を毎日欠かさずにチェックし、知識を蓄えていました。手書きで株価のグラフを書く、なんてこともしていました。

80年代後半という当時はまだ、パソコンの黎明期《れいめいき》。いまのように、「ネット証券から株価グラフをダウンロードして利用する」ようなお手軽なツールはなかったのです。

そんな折に本屋さんで見つけたのが、『パソコンを使って株で儲ける本』というもの。本書で紹介しているプログラムをパソコンに導入すれば、株価を入力するだけで自動的に株価グラフが作成できるというのです。私が飛びついたことは言うまでもありません。

結果的にはこれが、パソコンの世界に入る扉を開けてくれました。もともと機械いじりが好きだったこともあり、私はどんどんパソコンのおもしろさにはまりました。実家のビジネスである貸しビル業の経理業務等にもパソコンを導入し、大いに気を吐いたものです。

そんなプロセスを経て、私はようやく、「起業するならパソコンを使った分野だ！」と、夢を具体化することに成功したわけです。

ネタというのは、どこにころがっているかわからないもの。夢さえ持っていれば、有象無象・玉石混交の経験・勉強のなかから必ず、自分にとっての〝お宝〟が見つかるのです。

こうして私は、１９９１年にマルチメディア事業を目的とするボイスメディアという会社を設立しました。ただし、この事業については数年で撤退。「何かの分野で№１になる」という私の夢の「何か」ではないと判断したからです。

▼わからないから、わかる努力をする

再び、新しい商売のネタ探しを始めたころに出合ったのがインターネットです。パソコンには習熟しているつもりの私でしたが、実は当時はまだ、パソコン通信とインターネットの

違いもよくわからなかったのが現実。秋葉原の電気店で〝ネット初体験〟をし、ただただ「すごい世界だ！」と感動し、すぐに新たな夢として、「インターネットの研究」という項目を書き加えました。

このときの勉強が、後のプロバイダ事業に繋がり、「35歳で会社を上場させる」夢へ向うジャンピングボードとなったのです。

私の例でわかるように、漠然とした夢を具体化するのが、20代の経験と勉強です。「何をしていいのかわからない」と悩む、その思いを**「わからないからこそ、わかる努力をする」という前向きな気持ちに変えて、「基礎レベル」への取り組みに集中しよう**ではありませんか。**30歳を迎えるころにはきっと、夢が具体化してくるはずです。**

すでに就職して仕事をしている人も、フリーターをしながら自分探しをしている人も、20代のうちはまだ人生を決めるための勉強の時期。「何事も、夢を具体化するための勉強だ」と捉え、常に夢を意識しながら、日々の仕事に一生懸命に取り組む一方で、夢に必要な勉強を重ねていきましょう。

【自分への質問】

……できるだけ具体的に書いてみましょう。

●あなたの「やりたいこと」は見つかりましたか？

YES　　　　NO

●後悔する人生とはどんな人生ですか？

●「やりたいこと」をいくつ、書き出せましたか？

●各項目の「究極の目標」は設定しましたか？

YES　　　　NO

●「やりたいこと」を各項目に当てはめましたか？

YES　　　　NO

【自分への質問】

……できるだけ具体的に書いてみましょう。

●あなたのピラミッドはアンバランスになっていませんか？

YES　　　　　NO

●あなたの「いちばんやりたいこと」は何ですか？

●夢の達成期限はいつですか？

●「未来年表」は、作りましたか？

YES　　　　　NO

●夢実現のための手段は見つかりましたか？

YES　　　　　NO

原則2

自分が笑顔になれる仕事を選ぶ!

仕事が楽しくなる6つの考え方

フリーター経験は社会を学ぶ貴重な機会

▼いつの時代もフリーターはいた

「フリーター」と呼ばれる若者が社会問題視されるようになってから、どのくらい経つでしょうか。「学校を卒業したら社会人になる」というそれまでの「常識」がもはや、「常識」ではないと言いますか……さまざまな理由から、定職につかずに気ままなアルバイト生活を続ける若年層が増え続けているように思います。

もっとも、いつの時代にもフリーターはいました。江戸時代末期には「浪人」という名のフリーターが世の中に溢れかえっていました。

彼らは尊皇攘夷《そんのうじょうい》の旗印の下、「世の中を変えるんだ！」という情熱を持って戦っていましたが、大半が「藩で食い詰め、雇い主を求めてさまよっていた」武士たちです。佐幕派、倒幕派、開国派、攘夷派……どの派閥に自分の居場所があり、将来の食い扶持《ぶち》を助けてくれるだろうというところで、フラフラしながらその日暮らしをしていたように思います。「なかなか定職が決まらないし、自分はどう生きていけばいいのかわからない」面では、まさにフリーターです。

それはさておき、現代のフリーターのなかには、「どうしてもやりたい」ことがあって、フリーターをしながら生活費を稼ぎ、虎視眈々《こしたんたん》とその道に入れるチャンスを狙う人がいます。あるいは「やりたいこと」で1日も早く一本立ちができるよう、努力をしている人もいるでしょう。

また、単に「会社勤めをしたくない。自由気ままに遊びたい」ために、とりあえず生活ができる程度のお金をアルバイトで得るという生活を選択する人もいます。

かと思うと、親の庇護《ひご》の下で「食っていく分には困らない」からあえて定職につかず、お小づかい稼ぎにアルバイトをして、学生時代の延長のような暮らしをする人もいます。

どんな理由でフリーターをしているにせよ、私は否定しません。彼らも気楽そうに見えて実は、「いつかは就職するなり、独立するなりして、定職につかなければならない」とわかっているはず。その機が熟していないだけだと思うからです。

▼アルバイトから得られる経験

前章でお話ししたように、20代は夢を具体化する時代。漠然とした夢があり、それを具現化する何かを探す部分では、フリーターも悪くはありません。

ただし、中身が問題です。

どんなアルバイトであろうとも、「1番になる!」、「今後に役立つ何かを吸収してやる!」という気概をもって、与えられた仕事に一生懸命取り組む姿勢が必要だと思うのです。

何も考えずに漫然と作業をしているだけでは、そこに向上心が芽生えない分、吸収できることが何もないからです。

学校の勉強だってそう。「こんなことを勉強して何になるんだ」なんて気持ちでいると、落第したくないからただ授業に出るだけ。習ったことを自分の知識として蓄積することはできません。

しかし、「テストの成績でトップ10入りを果たしたい」とか、「得た知識を将来につなげたい」といった強い思いがあると、授業に身が入ります。「何でもかんでも吸収してやろう」となり、さらに深い知識を得たいという欲望も生まれます。その向上心がまた、新しい知識習得の突破口になったり、より実りある学習方法を工夫したりするような〝副産物〟をもたらすわけです。

何を隠そう、私も10代のころに一時期、いまでいうフリーターのような生活をしていたことがあります。

ビラ配りをやったこともあります。それはダイエット食品のビラで、「太っている女性に渡す」のが私に与えられた使命でした。聞いただけで、つらそうでしょう？

でも私は、「誰よりもたくさん、配ってやる！」と闘志を燃やしました。そして、どういう角度でビラを差し出せば受け取ってもらえるか、通行人が歩いてくる道筋のどの辺に自分の足を踏み出すと立ち止まるか、相手のどこを見て「どうぞ」と微笑めばいいか……実にさまざまな研究をしました。

まぁ、この仕事は渡すたびにその場で捨てられたり、「私が太ってるって言うの？　失礼じゃない！」と追いかけられたり、結局は途中で放り投げてしまいましたが。

それでも向上心をもって臨んだアルバイトですから、人に無視されないテクニックが身についたし、「他人のコンプレックスを刺激するような商売は、自分の心をも卑屈にする」ことも学べました。

▼本気で取り組むことで、見えるモノがある

他には、マクドナルドでクルーをしたこともあります。20数年前の当時から、マクドナルドの接客マニュアルは完璧！　私は「このマニュアルを頭に叩き込んで、接客の基本を覚えよう」と張り切って研修を受けました。と同時に、クルー研修のシステムにも興味を持ち、それが人材育成の勉強を始めるきっかけになりました。

このマクドナルドの経験が、経営者となったいま、販売および人材育成戦略を立てるうえで非常に役立っています。

こんなふうに、アルバイトをしていても、夢につながる経験・勉強をすることは可能です。

つまり、**フリーター生活を実りあるものにするかどうかは一重に、自分が向上心をもってアルバイトに取り組んでいるか否かにかかっているのです。**

さまざまな仕事を経験すると、社会がどういう仕組みで動いているのかが見えてきます。やがて、その社会のなかで自分がどんな役割を果たせるかもわかるでしょう。

フリーター経験は、学校を卒業してすぐに就職した人には得られない貴重なもの。行く末にある夢の存在をきちんと見据えて、一つひとつのアルバイトをどこかで夢とリンクさせて、本気で仕事に取り組んでいただきたいと思います。

「み言葉」を捨てて、仕事と向き合う

▼マイナスの感情にとらわれるとき

恨《うら》み、妬《ねた》み、僻《ひが》み、嫉《そね》み、苦しみ、憎しみ、いやみなど、最後に「み」のつく名詞を、私は「み言葉」と呼んでいます。自分の心から努めて、その種のマイナス感情を排除して事に臨みたいからです。

そう心に決めたのは、「未来年表」を作って間もないころ。当時、私は15年分の予定を立てて、夢に向ってコツコツと努力していく生活をスタートさせたものの、なかなか予定通りに進まないことにイライラしていたのです。

「実家の仕事を手伝うだけで精根尽き果てる。僕をこき使う父や会社のせいで、夢のための時間が作れないじゃないか」

「誰も僕のことなんて理解してくれやない」
「大学生は遊び回って楽しそうにしているというのに、僕はいったい何をしてるんだ」
「僕は世間の二世経営者ほど恵まれていない。お金がないんだ」

毎日、手帳に記した夢を見ては元気を鼓舞していた私ですが、ともすれば忙しすぎる仕事に苦しさを訴えたくなったり、呑気《のんき》そうな同年代の若者をうらやんだり、「後継者育成セミナー」という勉強会で知り合った裕福な二世経営者を妬んだり。頭のなかがイヤ〜な感情で充満してしまうこともしばしばでした。

▼すべての責任は自分にある

おそらく、やりたいことが見つからずにフリーター生活を続けている人、就職したいのにできずにプータローをしている人のなかにも、「み言葉」で身動きがとれなくなっている人が少なからず、おられるのではないかと推察します。

「就職先が見つからないのは、この不況のせいだ。企業はリストラだ何だと人員削減策をとって、これから就職してがんばろうという若者に門戸を開いてくれないじゃないか」

「サラリーマンの成れの果て……みたいなくたびれたオヤジを見ると、マジメに働こうって気がなくなるよ。いまどきの若者は定職も持たずに云々かんぬん、なんて言われたくないね。大人のせいで、社会生活への夢がしぼんじゃったんだよ」

「どうして、僕より能力のないヤツがいいところに就職できるんだよ。親のコネだよな。ウチの親がもっと立派だったら、僕もこんなに苦労はしないのに」

「何のために働くのかがわかんないんだよ。誰も教えてくれないんだから、しょうがないじゃないか」

そんな声が聞こえてきそうです。しかし、あえて厳しいことを言いましょう。

「あなたがいま、そういう状況にあるのはすべて、あなたの思考と行動の結果なのですよ。誰のせいでもなく、社会のせいでもなく、自分自身の責任なのです」と。

もし、あなたが「幸せに働く」ための仕事選びをしたいのならまず、心から「み言葉」を排除して、「うまくいかないことがあると、何かにつけ人のせいにしたがる」傾向をシャットアウトしなければなりません。

いつまでも自分の思い通りに動いてくれない社会や人を恨んだり、憎んだりするだけでは状況は何も変わらないし、自分自身の人生も停滞するだけです。

自分がいまあるダメな状況を受け入れるのは、とてもつらいことです。ダメな原因が自分自身にあることも認めたくはないでしょう。その気持ちは痛いほどわかります。私自身がそうでしたから。けれども、断言しますが、「すべての責任は自分にある」と腹を括ると、そのときから人生はプラスの方向へと転換します。

なぜだと思いますか?

社会や他人は決して、自分の思い通りに動いてくれることはありませんが、自分だけは思い通りに動かすことができるからです。社会や他人に期待するよりずっと、自分自身を動かして物事を好転させていくほうが簡単なのです。しかも、思い通りに自分をコントロールし、幾多の壁を乗り越えて夢が達成できれば、喜びは倍増します。

自分の不運・不遇を社会や他人のせいにするのは簡単です。しかし、責任逃れをしたところで問題が解決できるわけではありません。むしろ泥沼に足を突っ込むようなものです。

人生をどう生きるかは自分で考え、行動して決めること。「幸せに働く」ための仕事選びは、そこから始まります。

「好き」だけで仕事選びをしてはダメ

▼「商い」は「飽きない」

「好き」なことを仕事にする、それはすばらしいことです。自分が好きなことなら、何10年取り組んでも、探究心や好奇心、やりがいが衰えることなく、継続して努力できるでしょう。何より、1日の大半を「好き」なことをして過ごせるのですから、非常に幸せなことです。

私は父から、「商いは飽きないだ」と教えられました。一瞬、「なんたるオヤジギャグ！」と絶句しましたが、その言葉には、

「商売は飽きず、あきらめず、気長に辛抱して挑戦するものだ。これを継続できる人が、最後は成功する」

という意味がこめられていました。

たしかに、すぐに「もう飽きた。やめた」となってしまうような商売を選ぶと、転職・転業を気ままに繰り返すだけ。成功はおぼつかないでしょう。

私はこの言葉を肝に銘じ、手帳に書きつけました。一生を賭《と》す事業としてインターネットを選んだときは、その文字を何度も何度も眺め、「飽きない商いか?」と自らに問いかけたものです。

結果、「私はインターネットが好きでたまらないし、より多くの人にインターネットの楽しい世界を広げていきたい。そのためにやりたいこと、できることは無数にある。これは飽きない商いだ」と判断しました。

そんな私ですから、仕事選びの基準を「好き」に置くことは大切だと思います。

▼「好き」だからどうしたいのか?

ただし、ここからが重要なのですが、ただ「好き」なだけではダメです。「好き」だからどうしたいのかというほうが、もっと大事なのです。

たとえば、「旅行が好きだから、旅行会社に勤めたい」とか、「本を読むのが好きだから、出版業界に入りたい」、「おしゃれが好きだから、ブティックで仕事をしたい」といった声をよく聞きますが、こういう人は自分の「好き」に執着しているに過ぎません。

仕事を通してどんなふうに社会や人々に貢献したいのか、どんな感動を与えたいのか、そういうビジョンがなければ、仕事をする本当の喜びが得られないのです。

趣味ならば「好き」だけでも続けられますが、仕事となると「好き」だけで続かないというのが現実でしょう。

実際、「本が好きで出版業界に入ったのに、あこがれの作家のイヤな一面を見なきゃならない。こんな仕事、もうやってられない！」などと言って、早々に仕事をあきらめてしまう例もあります。いい作品を読者に届けるという仕事本来の目的を見失うわけです。

もし、「好き」の先に、「多くの人が感動し、笑顔を返してくれる、そんな本を作る」というようなビジョンがあれば、自分の「好き」と仕事の喜びが乖離《かいり》してしまうこともないでしょうに……。

仕事の究極の目的は、自分も含めた不特定多数の人の感動と笑顔をたくさん得ることです。

ただ「好き」なだけでは、その境地に達することができないでしょう。「好き」から一歩踏み込んだビジョンを持って仕事選びをすることが、仕事の醍醐味を知るスタート地点でもあるのです。

そういう意味では、必ずしも「好き」なことを仕事にしなくてもかまいません。使命感をもって挑める飽きないテーマを見つける、それが仕事選びの大きなポイントと言えるでしょう。

会社を選ぶときに考えなくてはいけないこと

▼これから求められるのは実力だけ

一流大学を卒業して一流企業に入り、ビジネスエリートになる……一昔前なら、そんな夢を思い描く人が大多数だったと思います。いや未だに、そんな旧態然とした価値観に縛られ、ブランドで会社選びをする若者は少なくないかもしれません。

ブランド企業を選ぶことを悪いとまでは言いませんし、自分の夢を実現するステージがそこにあると判断して入社するのなら、大いにけっこうなことです。

ただ、ブランドを会社選びの物差しとするのは感心しないと言わざるをえません。

なぜなら、自分の価値を決めるのは自分自身なのに、企業のブランドに頼ろうとする、その根性が、これから夢を追いかける若者にふさわしくないと思うからです。

「寄らば大樹の陰」という時代はとっくに過ぎ去りました。

いま現在は一流企業であっても、存在そのものがなくなってしまったり、どこかと合併してカタチを変えたり、時代の波に洗われながら変貌していったりするのが当たり前。一つの会社にしがみついて生きようとしても、そうはいかないご時世です。

そんななか、これからのビジネスマンに求められるのは実力だけ。世の中がどう動こうと、会社がどんな命運をたどろうと、常に自分の持てる力が生かせる、あるいは求められる新たなステージで勝負できるだけの力が必要なのです。

つまり、自分自身のブランド価値を高めていくことが、ビジネスマン人生における最重要課題となるわけです。

といったことを考えると、**会社選びで最優先すべきは、若い力を生かす仕組みがあるかどうか、ではないでしょうか。**

▼どの企業でも通用する「自分ブランド」を持つ

日本の企業にも能力主義が浸透しつつありますが、まだまだ年功序列の名残をとどめています。その多くは、団塊の世代が上にひしめいていて、若い下っ端社員の提案や報告が意思決定者に届くまでに何層もの役職者がいる、というような企業でしょう。

そういう企業を選ぶと、若い人はなかなかチャンスに恵まれません。「最初は（誰でもできる）雑用から。修業と思って3年は下働きでガマンしなさい」とばかりの待遇を強要されないとも限りません。

その点、役員を含めた社員の平均年齢が若く、役職層が3層程度のフラットな組織の企業の場合、若い人も「力がいちばん伸び盛りを迎える時期に、単純作業に明け暮れる」心配は無用。意思決定者は若い社員との距離が近い分、提案や報告にスピーディに対応するし、どんどん挑戦の機会を与えて、成果があがれば権限委譲をしながら、さらに新たな可能性が広がるようサポートします。

若い力を生かせる体制が整っている企業なら、自分の力を伸ばせます。仕事を通して、自分では気づかなかった才能や可能性の芽を見つけることも可能です。

また、成長産業であることも、企業選びの重要なポイントでしょう。これから伸び行く産業は、事業の進展とともに自然と、社員のポジションを増やしていくからです。若い社員にとってはそれだけ、挑戦のチャンスが広がるということです。

リクルートをするわけではありませんが、我がＧＭＯインターネットは役員の平均年齢が30代後半と、若い力で運営している会社です。

これは、「役員四季報　２００５年版」（東洋経済新報社）を読んで頂けたらわかりますが、東証に上場している会社としては6番目に若い会社なのです。

もちろん、組織はフラット。社員一人ひとりが力をつけて、どの企業でも通用する〝自分ブランド〟を形成して欲しい、私はそう願っています。

企業のブランドではなく、自分というブランドを生かし、磨き上げることができるところはどこなのか、そんな視点から会社選びをするのがベストでしょう。

社会生活の夢は、会社の夢とガッチリ合わせる

▼会社の夢は、自分の夢の方向性と合っているのか？

社是・社訓、ビジョン＆ミッション、バリュー……呼び名はさまざまですが、どこの企業にも、会社が抱く夢と、社員に求められる行動価値基準を明文化したものがあります。

ＧＭＯインターネットグループでは「スピリットベンチャー宣言」というのが、それに当たります。私はＧＭＯインターネットグループが社会に貢献し、継続的に成長していくためには、

①　社員が社会生活の何に命を捧げるのかという意味での「夢」
②　宝の山はどこにあるのか、何の事業で利益を生むのかという意味での「ビジョン」
③　何のために存在するのかという意味での「フィロソフィ」

という3つの志と、行動の原理・原則とすべき「マインド」、そしてコーポレートキャッチである「すべての人にインターネット」を共有することが非常に重要だと考えています。したがって、「スピリットベンチャー宣言」には「夢」「ビジョン」「フィロソフィ」「マインド」の4項目に分けて、細かいルールを書き連ねています。

なぜ、企業はそういうものを作ると思いますか？

若い人はルールと聞くと校則を思い出すのか、「社是・社訓なんて、社員の行動を縛るためのものだ」と感じるかもしれませんが、実は全く逆です。社員一人ひとりが夢と情熱と誇りをもって仕事に取り組めるようにするためです。

私だけではなく経営者というのは、経営資源のなかでも最も人を重視しています。全員のやる気と能力が発揮されることが、企業活動の要だと捉えています。だからこそ、会社としての夢を提示し、社会や人々に貢献する仕事をする者としてふさわしい行動の指針を明確にしているわけです。

社長以下社員全員が同じ夢を持ち、そのゴールに向ってベクトルを一つにして行動すれば、会社は継続的に成長します。それによって社員の一人ひとりが達成感と充実感を得ると同時

に、経済的な豊かさも手に入れることができます。

おそらく、みなさんの会社にも、会社の夢を明確にしたビジョンと、社員がとるべき行動の価値基準を示したバリューが明示されているはず。単にお題目を唱えるように扱うのではなく、真剣な気持ちで対峙《たいじ》しましょう。そうすれば、会社の夢を自分の問題として考えることができるので、やる気がぜんぜん違ってきます。

▼会社での自分の存在意義を見直す

そもそも、会社の夢と自分の夢が一致していなければ、仕事がおもしろいはずはありません。

たとえば、会社が「画期的な技術の開発を通して、人々の生活を豊かにすることに貢献する」というビジョンを掲げているのに、「技術はもう、限界だよ。それよりも、別のビジネスをしたいな」と思って仕事をしていて、楽しいでしょうか。楽しくないどころか、その会社で働く意味がないと思いませんか？

ＧＭＯインターネットグループがインターネットバブルを乗り越えて生き残り、成長できたのは、社員全員が会社の夢――「すべての人にインターネット」を共有し、一人ひとりが自分自身と会社の存在意義を認識し誇りをもって、誠実かつ情熱的に仕事に取り組んだから。同じ夢を持った社員の結束力に負うところが大きいと、私は自負しています。

会社の掲げるビジョンは、決して形骸化《けいがいか》させてはならないものです。でないと、企業は早晩、衰退します。昨今頻出している企業の不祥事を見ていると、「御社のビジョンは何だったの？」と問いかけたくなるようなものばかり。トップが常に、会社の夢やビジョンを社員に語り、理解・浸透させることを怠り、社員も自らの会社の存在価値を見失っていたとしか言いようがありません。

こうなると、会社も社員も不幸になります。いえ、誰よりもその会社を信頼したお客様を不幸にします。会社の夢・ビジョンというのはそれほど大事なものなのです。

「社会生活の夢は、会社の夢とガッチリ合わせる」

これは、一番・一流を目指す仕事術の基本の基本とも言えるもの。仕事をする際にこの観点を見落としていた人は、いますぐ自分の会社の夢とビジョンを確認してください。

必ず、意欲も新たに、明日からの仕事に挑めるでしょう。

起業するなら、いますぐ社長の名刺を持つ！

▼起業は、自己実現への最短コース

現在、会社員として働いている人も、そうでない人も、「起業をしたい！」という志があり、すでにそのネタが見つかっているのなら、私は、「いますぐ起業なさい。そして、明日から社長の名刺を持ちなさい」とオススメしたいくらいです。

若者の将来の進路に関して、日本にはまだ、「優秀な人は官庁に、次に優秀な人は一流企業に行く」的なパターン化された考え方がありますが、それもうじきに、形骸化するでしょう。

現に欧米では、優秀な人はまず、起業することを考えるのがふつうです。**なぜなら、自ら**

事業を立ち上げることが、最短コースで自己実現を果たせるベストな選択肢だからです。実務レベルで応用できる知識と、ビジネスを通して達成したい夢のある人はみな、自らの力で成功と幸せを勝ち取りたい――そういう強い欲望と情熱をもって、起業家への道に挑むのです。

私が起業したのも、商売のネタを発見したのと同時でした。周囲からは、

「そんなに急がなくてもいいじゃないか。家業を継ぐ日が来れば、君の天下になるんだよ。いま辞めることはない。これから先いつだって、好きな事業を立ち上げられるじゃないか」

と言われましたが、私は聞く耳を持ちませんでした。

「社長のポストが空くのを待つようなネガティブな人生を送りたくない。もっとポジティブに、自分で自分の道を切り開きたい」

と強く思ったからです。

▼いまは産業の大転換期

もちろん、「夢・人生ピラミッド」と「未来年表」を作った21歳のときから、夢につなが

る勉強をしながら会社設立資金を貯めるといった準備は重ねていました。起業を志すみなさんもやはり、ビジネスのネタ探しと並行して経営に絡むあらゆる勉強をすることは必要です。しかし、私が起業したころと違って、いまは1円で会社を設立できる時代です。資金面では格段に楽チンなのです。

しかも、産業は大転換期を迎えています。これまで花形産業としてもてはやされてきた製造業をはじめとする重厚長大産業が衰退し、〝時代の寵児〟とも言うべき産業はインターネットやバイオテクノロジー等の新興産業へとシフトしつつあります。つまり、ベンチャー企業が育つ土壌が整いつつあるのです。

かの大ソニーだってもともとは、時代の端境期に若い力が誕生させたベンチャーでした。ホンダも松下電器もそう。戦後、日本の高度経済成長の波を創り出したのは、ある意味で今日の大企業を生み出した若いベンチャーの力だったと言えるでしょう。**60年を経て再び、若者中心の時代がやって来た、私はそう捉えています。**

若いみなさんは、こういう時代に生まれたことに感謝し、チャンスをつかむことが大切なのではないでしょうか。

だからこそ、起業を志す若者はいますぐにでも、自分が「これだ！」と思ったビジネスを立ち上げてもいいと、私は思っています。

▼チャンスの神様の前髪をつかめ！

よく「起業をする前に、どこかの企業で見習いをやろう」と考える人がいますが、そんな必要はありません。会社の誰が、成功する企業経営について教えてくれるのですか？　言葉は悪いけれど、〝年功序列型組織育ち〟の、経営経験のない先輩から経営を教わろうとすること自体にムリがあります。

せいぜい、「独立なんてやめとけよ。世の中、そんなに甘くないよ。君みたいな若輩者がうまくいくわけはないよ」とアドバイスされるくらいのものでしょう。独立した経験のない人に限って、独立するのは大変だ、大変だと、根拠のない確信に基づく説教をしたがるものなのです。

明言しますが、社長職の何たるかは、実際に社長になってみないことにはわかりません。

私が「見習いなどやらなくていい。いきなり社長をやってしまいなさい」と言うのは、そのためです。

もっとも、起業してもおそらく9割方は失敗するでしょう。「明日から社長の名刺を」なんて持ち上げておいてこんなことを言うのは、「はしごをはずす」ようで恐縮ながら、データ的に考えて失敗は目に見えています。毎年の会社の設立件数と倒産件数がほぼ同数というデータが、それを証明しています。

そういう事実があるのになぜ、私が若者に起業を勧めるのか、それは、事業に失敗すること自体が、経営を知る貴重な経験、勉強になるからです。

不幸にして最初の起業に失敗したら、自分の力がいかに未熟であるかを素直に受け入れ、何が足りなかったのか、なぜ失敗したのかをよく分析し、次はその轍《てつ》を踏まないようにどうすればいいかを考えることです。

きっと、一回りも二回りも成長した自分になって、自信をもって再び起業に挑戦することができるはずです。

これから起業をしようという若い人たちは、失敗することを前提として受け入れ、そうならないようにするにはどうすればいいかを考え、自分が最善だと思う道を突っ走っていただきたいと思います。

果敢に起業にチャレンジする若者を、私は応援しています。

ちなみに、チャンスの神様はかろうじて前髪だけがあるハゲ頭だそうです。「いまがチャンスだ!」と思った瞬間に前髪をしっかりつかまないと、ツルリと逃げて行ってしまうとか。くれぐれも、〝つかみどき〟をはずさないように、ご用心を……!

【自分への質問】

……できるだけ具体的に書いてみましょう。

●アルバイト経験で、どんなことを学びましたか？

●「み言葉」を使ってはいませんか？

YES　　　NO

●「いまの自分の状況」を全て自分の責任だと思えますか？

YES　　　NO

●「飽きない商い」を見つけていますか？

YES　　　NO

●会社の「社員の平均年齢」は何歳ですか？

【自分への質問】

……できるだけ具体的に書いてみましょう。

●会社の構造はフラットですか？

YES　　　　NO

●「自分ブランド」を高めるためにどんな努力をしていますか？

●会社と自分の「夢の方向性」は合っていますか？

YES　　　　NO

●起業したい場合は、何をビジネスにするか決めてありますか？

●社長の名刺を作りましたか？

YES　　　　NO

原則3

すべてを吸収し、最速で成長する！

成長を早める6つの勉強法

学ぶとは、いかに自らが知らざるかを知ること

▼「悩んでいる時間」に行動を起こす

私は学生時代、あまり勉強をしませんでした。高校受験のために中学校の教科書を丸暗記して以来、アルバイトや家業を通してさまざまな経験は重ねていましたが、知識となると甚《はなは》だ心もとないものでした。

「やっぱり、大学に行けばよかったかなぁ。僕には、学問的なバックボーンが何もないよ。このままだと、大学に進学した友だちに置いていかれてしまう」と、後悔とコンプレックスと焦りが入り混じったような複雑な感情にとらわれたこともありました。

しかし、将来の経営者を夢見る者として、学ばなければならないことは山ほどあります。四六時中、自らが作成した「夢・人生ピラミッド」を見ていると、それが私に「もっと学

べ！　もっと学べ！」とせっついているようにも感じます。

「グズグズと悩んでいる暇があったら、いますぐ勉強にとりかかろう」

20歳を過ぎた当時、そう決意した私は、通信制の大学に通い、教養学部・経営コースに身を置いて「会社を作る」という夢に向けての単位を履修する一方で、父の勧めもあって「後継者育成セミナー」という勉強会にも参加しました。

このセミナーは、全国から集まった二世経営者たちをスパルタ方式で鍛え上げるもの。毎月一度、2〜3泊の合宿が行われ、1年間で修了します。

プログラムは実に多彩！　経営者の方から生の話を聞いたり、能の鑑賞等を通して日本文化に対する知識を深めたり、ある企業の1日社員になって商品を売り歩いて成果を競ったり、御茶の水の駅前に立って大声で歌い、度胸をつけるための経験をしたり、街のレストランに潜入してマーケット調査をしたり。非常に実践的な学習ばかりでした。すでに「夢・人生ピラミッド」に基づく15年の未来年表を作っていた私ですから、目的意識は明確。

「学んでやる！　すべてを吸収してやる！」

と、人一倍の意気込みをもって、セミナーに臨んだことは言うまでもありません。その分、私にとっては非常に実り豊かな勉強になったと言えるでしょう。未だにときどき、そのときのファイルを持ち出して、〝復習〟することもあるほどです。

もっとも、健康分野の目標に沿って、朝は誰よりも早く起きて腹筋や腕立て伏せをしたり、自分の未来年表を見せて夢を語ったりする私でしたから、周囲からは「変なヤツ」だと思われていたかもしれません。

それはともかく、このセミナーで学んだことのなかでも、私にとって最も重要な学びとなったのは、

「学ぶとは、いかに自らが知らざるを学ぶこと」

という言葉でした。セミナーでは、痛いほど自分の無知を思い知らされていたので、ことさら胸に響きました。

さっそく、この言葉を手帳に書きつけた私は、以来20年、いまなおその文字を眺めては、学習意欲をかきたてています。

▼自分の「無知」をカウントする

なぜ、自分の無知を知ることが重要かと言うと、何を勉強すればいいかがわかるからです。自分が何を知らないのかを知っていなければ、誰が勉強なんてするものですか。

みなさんだって、たとえば「自分のホームページを立ち上げたいが、何の知識もない」というような場合、自分にはどんな知識が足りないのかを検証しつつ、進んでホームページ作りに必要な勉強をするでしょう？

それと同じで、私も「経営者になりたい」夢はもちろん、他の分野の目標すべてを実現するために、自分にはどんな知識が不足しているかを知り、知らないことを知るために勉強しなければならないと痛感したのです。

私が「勉強するぞ！」と一念発起した当初、どれだけたくさんの無知を自覚したことか。それを嘆くのではなく、「知らないから学びたいんだ」という前向きな気持ちに転換することで、学習意欲を高めていったものです。

若いみなさんにも、「私はこれを知っている」と「知」をカウントして安心するのではな

く、「無知」を見つけ出し、それを勉強につなげるよう心がけていただきたいと思います。

「勉強はもう、学生時代で十分だ。勉強したいことなんて何もない」

などと言っている場合ではありません。社会人になっても、夢に向って勉強すればするほど、自分がいかに何も知らないかに気づくはず。その気づきがまた、勉強の課題を増やし、自分自身をどんどん成長させていく糧になるのです。

「生涯、勉強！」

知らないことが多い若いうちはとりわけ、がむしゃらな勉強が必要です。

生きた知識を学ぶために

▼知識は「使ってこそ」意味がある

知らないことを知る、というのはとても楽しいものです。10代のころには「志望校に合格する」ための勉強であったために、言い換えれば勉強した先にある夢が見えなかったために、勉強を苦しいものと感じたのかもしれません。

「何のために勉強するのかわからない。試験でいい点数を取って、志望校に合格することに、何の意味があるんだろう?」

と悩んだ経験をお持ちの人も多いでしょう。

また、学生時代の勉強は大方、自分の無知を知って学ぶのではなく、あらかじめ決められたカリキュラムに沿って知識を蓄積……というか丸暗記していくスタイルです。受動的であると同時に、覚えた知識の背景にあるおもしろい考え方やエピソードなどを掘り起こすところまで至らないためにおもしろくない、という部分も否めません。

しかも、習得した知識を使って何かをすることはあまりありません。学校で習うことは、本当は社会生活のどこかで「使える知識」であるはずなのに、それが見えないために無力感を覚えてしまいがちなのです。

もっとも、最近の小中学校では試みとして、たとえば経済の仕組みを学ぶための授業なども取り入れているようです。広場や役所、電話会社、銀行、コンビニエンスストア、スポーツ店、警備会社などが並ぶ仮想の街を作って、それぞれの〝職場〟に子どもたちを配置し、売り手や買い手、住民など、さまざまな立場で仕事をしたり、市民として買い物や役所・銀行での手続き等をさせると聞きました。

そういう経験をすると子どもたちも、経営や店舗の運営、契約社会の仕組みなどを経験しながら、学校で習った算数や国語、社会、理科の知識がいかに必要かを実感できるでしょう。「使える」知識を学べるとなれば、学習意欲も格段に違ってくると思います。

少々、話しが横道にそれてしまいましたが、社会人になってからの勉強は、子どもたちにとっての「仮想の街」と同様、まさに社会生活に役立てることができる生きた知識となります。勉強の向こうに夢が広がっています。確実に成長する自分の姿が見えます。だから楽しいのです。

▼真の勉強とは？

不幸にして、みなさんは〝詰め込み教育〟の弊害を受けてきた世代かもしれません。しかし、蓄えた知識がムダになるわけではありません。社会人となったこれからは、学生時代に蓄積した知識に加えて、仕事や私生活の夢をかなえるために必要な知識を新たに仕入れながら、それらの知識をどんどん使ってみましょう。そうすれば、だんだんと「知識の使い方」がわかってきます。それこそが学びではないでしょうか。

ＭＢＡを取得したって、得た知識を使えなければ、ただの宝の持ち腐れです。「ＭＢＡを取るための勉強はつらかったなぁ」で終わってしまいます。でも、学んだ理論をビジネスに応用して成果をあげることができると、大きな喜びが得られます。心底、「勉強してよかった」と思えるでしょう。また、使う段になると、意外に自分の知識に抜けがあることに気づくこともあります。その時改めて、使うために勉強しなおすことで、生きた知識を吸収することができるのです。

よく「ある程度のビジネス経験を積んでから、MBA留学をしたほうがいい」と言われますが、それも「知識を使う」という観点から、より「生きた知識」を学ぶことができるからにほかなりません。

学んだ知識を実践にどう生かすかは自分しだいです。だからこそ、勉強がおもしろくなってくるのです。

若い時代に「知識を習得して使う」トレーニングを積むと、間違いなく30代以降の人生は充実します。大いに勉強して、「生きた知識を使いこなす」楽しさを体験しましょう。

必要なテーマの本は片っ端から読む

▼未知の世界を数時間で体験できる

知識を得るためのいちばん手っ取り早い手段は、本を読むことではないでしょうか。私は20歳のころ、父にこう教わりました。

「サルと人間の違いがわかるか？　それは、**人間は書物を通じて人の一生を、あるいは経験したことのない未知の世界を、数時間で疑似体験できることだ**」

これは、長野の温泉で父の背中を流しながら聞いた言葉ですが、やけに感動したことを覚えています。

たしかに、本を読むと、それまで自分が知らなかったたくさんのことが学べます。サルは自分が生きている場所しかわからないけれど、人間は書物を通して行ったことのない土地がどんなふうかを知ることができます。本を読めば、遠く月の世界の状況だって理解可能です。それに、サルは自分の人生しか生きられませんが、人間は本を通して時空を超えたたくさんの人の人生を生きることができます。

私も中高生のころは非常に読書好きで、江戸川乱歩や大藪春彦さんらの推理小説や、武将を描いた歴史小説などを夢中になって読んだものです。その経験から、

「そう言えば僕も、本を読んで多くの登場人物と出会ったし、彼らの人生をあたかも自分が生きているように感じたな。そんな疑似体験をするなかで、人としての生き方を学んできたような気もする」

と思えました。

社会人になってから、少々本離れをしていた私ですが、父の言葉をきっかけに、読書への情熱を再燃させました。

「とにかく、本をたくさん読もう！　何か知りたいこと、知識を深めたいことが生じたら、それをテーマとする本を少なくとも3～5冊は読破しよう！」

と決心したのです。

この日から私は、たとえば「コミュニケーション力をもっと高めて、対人交渉能力を身につけよう」と思えば、すぐに本屋さんに走り人間関係や交渉能力について書かれたビジネス書を買い求めるようになりました。

もちろん、いまも未来年表に書いた夢・目標を達成するために必要なテーマの本は片っ端から購入しています。

▼使える知識はビジネス書から

また、一流の経営者を目指す私なので、古今東西、多くの優れた経営者が書いている本もできるだけたくさん読むようにしています。

彼らの人生を疑似体験することは、自分自身が会社を経営するうえで非常にためになります。多様な価値観やビジネス哲学に触発されて、自分自身の経営スタイルを築くための多くのヒントが得られるのです。

偉大な経営者の人生をそのままマネするのではなく、一ひねり加えて自分に合ったカタチにして実践する——本を読んでいると随所に、「これはいただき！　今日から実行しよう」

とか「このワザはちょっとアレンジすれば、あの分野に応用できそうだ。試してみよう」、「以前、うまくいかなかったのは、こういう考え方が欠如していたからだな。ビジネスプロセスに修正を加えよう」といった〝気づき〟を生じさせる文章が発見できます。

それらをすべて、「使える知識」として蓄えることができる、それが本を読むことの最大のメリットと言えるでしょう。

ちょっと余談になりますが、ビジネス書のなかでも私が心酔したのは、カーネギー氏の『人を動かす』と『道は開ける』という2冊の本です。丸ごと暗記しようと思ったくらいで、何度も何度も読み返したものです。

みなさんも機会を見つけてぜひ、読んでみてください。ビジネスマンにとっての「普遍の真理」がそこには書かれています。

私の著書も読者にとってそういう存在になれば嬉しいのですが。これは目下、私が追い求めている夢の一つでもあります。

▼読んだら書く！

そうして買い求めたたくさんの本は、空き時間を見つけては赤ボールペン＆シャープペンシルを片手に読むのが私のスタイルです。

赤ペンはポイントに線を引くために、シャープペンシルは本の一文から思いついたアイデアや疑問をメモするために使います。

おかげで、私が読んだ本はどれも、赤線だらけ。余白はメモでいっぱいです。図書館や人から借りた本だと、こういうことができないので、「読みたいと思った本はすべて買う」のが私の主義でもあります。

さらに私の場合、格言のような短い一文なら、ポストイットに書き写して手帳に貼っておくこともあります。重要な部分をコピーしてファイルすることもあります。いつでも利用できるよう、本の情報をスタンバイさせておくわけです。

ただ文字を追うだけでは、頭のなかを情報が素通りしてしまわないとも限りませんが、こういう「書く」行為がプラスされると、脳に強烈にインプットされます。

そうすれば、本で得た知識を、いつでも活用できる状態で脳に保存しておくことが可能になるのです。

「本を読んで、そのときはすごく感動したのに、いつの間にか記憶のかなたに消え去ってしまった」とか、「本で得た知識を使いたい局面に遭遇したのに、記憶があやふやで、どの本に書かれていたかも忘れたために、利用しそこなった」なんて経験はありませんか？　それは本をただ読んだだけだからです。

そんなふうでは、せっかく本から仕入れた知識がもったいないではありませんか。

どこかに「書く」行為をプラスし、「使える知識化」しておくことをオススメします。

新聞は仕事の教科書

▼新聞にはすべての情報がある

勉強について父から教わったことが、もう一つあります。それは、「新聞にはすべての情報がある」ということです。

このアドバイスにしたがって、私は20代のころから欠かさず、日本経済新聞・日経産業新聞・日経流通新聞（MJ―Nikkei Marketing Journal）の日経3紙を読んでいます。会社を上場させて以降は、日経金融新聞も加わりました。

朝日や読売等の一般紙を購読していない点は少々、風変わりかもしれません。が、私の場合、新聞は仕事をするうえで必要不可欠な情報ツールであり、勉強道具。経済情勢を重点的に報道する新聞だからこそ、〝教科書〟足りうると考えています。

こうして20余年、新聞を読み続けて思うのは、父の言葉は正しい、ということです。

最近は、新聞をとらない若者が増えたと聞きます。テレビのニュースやインターネットで配信される情報で十分だと思っている人が多いということでしょう。たしかに、「経済や社会の動きを知る」意味では、新聞がなくても事足ります。

しかし、私にはやはり、新聞がどうしても必要です。なぜなら、新聞で得た情報や知識を使うという部分で、電波・電子媒体だと不都合だからです。

▼朝の日課、新聞活用法

ここで、私の新聞活用法について、ご紹介しておきましょう。

私は朝6時に起きるとすぐに、先の4紙を床に広げて読みます。膝をついてすわり、ちょっと距離をおいて一度に見開きページを「見る」スタイルです。これだと、すべての記事がパッと目に飛び込んでくるので、意外と見落としが少ないのです。

そして、気になった記事を赤ペンで囲み、じっくりと読みます。そのプロセスを経てとくに重要だと思った記事は、余白に日付を記入して、ページごと切り取ります。

その後、いまは秘書さんが赤ペンで囲まれた日付入りの記事をきれいに切り出して、Ａ４サイズの紙に貼って時系列・項目別にファイルしてくれます。もちろん、以前はこの作業も自分でやっていました。

こうしておけば、ちょっと時間が空いたときや、その情報が必要なときなどに、ファイルを取り出して、さらにじっくりと読み返すことができます。もちろん、〝熟読の友〟は赤ペンです。

ようするに、新聞記事は何度も再利用ができるわけです。テレビのニュースを録画したり、インターネットの情報をプリントアウトして整理したりするより、ずっと効率的に情報を保存・活用できるのです。

インターネット事業を生業としている私ですが、ビジネスの「いま」を学習するには、また得た知識・情報を使うには、新聞に勝る媒体はないと思っています。

それに、いかに電波全盛のご時世とはいえ、未だに「第一報は新聞」という情報は多いし、情報収集にかける人海戦略がどの媒体よりも勝っています。新聞は世界中に何千、何万もの記者を配し、「足で得た」情報を満載しています。記事に情緒的な思い入れや余計な憶測もなく、淡々と事実だけを正確に伝える点でも優れているのではないでしょうか。

経済や社会の動きを勉強するのは、ビジネスマンにとって基本の基本。テレビやインターネットでただ情報を受け取ることに終始せず、新聞を読んで一歩踏み込んだ情報収集および活用をするのがベストでしょう。「新聞をとるのはやめた」方は、考え直してみてください。

新聞は本当に素晴らしい情報収集&知識習得メディアです。

「上司から学ぶ姿勢」を忘れない

▼上司の悪口は上司の耳に入るモノ

現在、会社に勤めている人のなかには、上司への不満をくすぶらせている人が少なからずいるでしょう。たしかに、〝上司族〟は多種多彩。厳しい人、甘い人、事なかれ主義の人、専横的な人、優柔不断な人、説教好きな人、気分にムラがある人……なかなか理想の上司に巡り会えないのが現実だと思います。

では、理想の上司とはどんな人なのでしょうか。おそらく、

「常に部下の立場に立って考え、行動する。厳しい一面はあるけれど、懐の深い愛情で部下の成長を支援してくれる『心』と行動力がある。頭ごなしに命令することも、長々と説教をすることもなく、部下の話をよく聞き、その言い分を吸い上げる努力をしてくれる。冴えた

判断力・決断力を有し、強いリーダーシップを発揮しながら、部署全体を盛り上げてくれる。仕事を離れても、部下とフランクなつき合いをし、いろいろな人生の相談事にも親身に対応してくれる」

というような要素が上がってくるでしょう。そんな硬軟取り合わせた資質を持ち、部下の思い通りに何でも「してくれる」上司がいたら、間違いなく部下はハッピーだと思います。

しかし、そううまくはいきません。自分自身に長所・欠点、強み・弱みがあるように、上司にも長所・欠点、強み・弱みがあります。欠点や弱点のない人がこの世に存在しない以上、長所・強みだけを上司に期待するのがそもそも間違い。「他力本願の極み」という見方もできます。

人間、欠点をあげつらえば切りがありません。自分にとって都合のいいことを「してくれる」のが上司の理想かというと、それも違うでしょう。

ようするに、理想の上司など追い求めてはいけないのです。欠点を発見しては失望することを繰り返していても、自分自身が腐っていくだけ。しかも、「予言の現実化」よろしく、上司の悪口を言うと必ず、上司の耳に入り、ますます悪口を言った人に対してイヤな人になっていきます。何もいいことはないのです。

そこで私がご提案したいのは、徹底して「上司から学ぶ」姿勢を持つということです。これも20代の大切な学びです。

▼「基本のマナー」こそ、経験を吸収すべき

たいていの場合、上司は若いみなさんにとっては年長者でしょう。それだけ長く生き、経験を積んでいます。ビジネスの習熟度から言って、経験的に身につけたビジネスの基本というものが備わっています。どこかに学ぶべき点はあるはずです。

また、欠点しか目に付かなくとも、それはそれでかまいません。反面教師と捉えれば、多くを教えてくれるいい上司となります。

ようするに、上司の見習うべきところは素直に見習い、イヤな一面は自分にとってのメリットに変えて受け止めるといいでしょう。考えようによっては、「何もしてくれない」上司だって、自分で考えて行動できる能力を養ってくれる、ありがたい存在なのです。

会社員生活はさほど長くない私ですが、父の会社にいたころは、上司からいろいろなこと

を学びました。

その第一歩は、ビジネスマナーです。みなさんも研修等で、挨拶や名刺交換の仕方からビジネスレターの書き方、商談の進め方、言葉遣い、お酒の注ぎ方に至るまで、細かな基本ルールを勉強したと思いますが、現場に出るとなかなか教科書通りにできるものではありません。実践に役立つノウハウはまた、別なのです。

そんなとき、いちばんいい見本になってくれるのが上司や先輩社員です。彼らは必ず、数々のケーススタディを経てルールに則《のっと》った自分流を身につけているので、非常に勉強になります。**上司の振る舞いを見て、素晴らしいと感じたことを積極的に取り入れることで、自分のビジネスマナー感覚が磨かれます。**

加えて、上司の仕事ぶりをよく観察することも大事です。どんな場面でどう行動すればどんな結果が得られるかが、つぶさにわかります。上司に随行して得意先を訪問するときや、社内ミーティングで議論をするとき、社内外のプレゼンテーションに参加するときなど、常に上司をはじめ先輩社員たちがどんな仕事をするのかをウォッチするのです。

そうするなかで、「さすがだ」と思うところ、逆に「これはちょっと、どうかな」と首を傾げる部分を見つけ、自分の仕事にベストな形で生かしていくわけです。

「上司から学ぶ」という問題意識と、「何でも吸収しよう」とする意欲さえあれば、実に多くのことが勉強できます。

▼「真似」ではなく、「学びの種」を育てる

上司を苦手にして避けようとしたり、相性が良くないと嫌ったりしていると、どうしても頭のなかが不満で充満してしまうので、何かを学び吸収する余裕がなくなります。そんな気持ちはシャットアウトして、好き・嫌い、相性が合う・合わないとは全く別の次元で上司と接する、そこに「学び」の種があるのです。

もう一つ、「上司に学ぶ」うえで大切なのは、わからないことは積極的に尋ねることです。よく「こんなことも知らないのか」とバカにされるのは屈辱だ、無知がばれると自分の評価が下がる、などと恐れて、知らないことを知らないままにして乗り切ろうとする人がいますが、それは若者らしくありません。

前に述べたように、「知らざるを知る」ことが勉強なのですから、どんどん無知をさらし

ましょう。自分の知識やノウハウを部下に伝えるのは、上司にとって重要な仕事です、喜んで教えてくれるし、疑問をぶつけてくる部下に対して「やる気がある」と評価してくれるはずです。

ちなみに、私は「メモ魔」で知られていますが、メモをする重要性を教えてくれたのも上司でした。彼は常に手帳を携帯し、誰と話すときでもコマメに要点をメモしていました。その習慣が彼の仕事の成果に結びついていると学んだことが、私が手帳というツールを駆使してオリジナルのビジネススキルを構築する発端となったのです。

上司のいい習慣や仕事ぶりを単に真似するだけでは、その上司以上の能力は身につきません。そこから自分流を作りだすのが、20代の大切な学びの一つと言えるでしょう。

効率的に努力する

▼意味のある苦労こそ、夢への距離を縮めてくれる

若いときにさまざまな経験をするのは大切です。そのすべてが将来、何らかのカタチで役に立つでしょう。数々の経験を、知識を吸収し生かしていく部分では、

「若いときの苦労は買ってでもしろ」

という言葉は真実を言い当てていると思います。

ただし、夢・目標を明確にしたらもう、そこに関係のない苦労は「お金をもらってもする必要がない」というのが〝裏の真実〟ではないでしょうか。

「とにかく何でも経験してみる」ことの大きな意味は、自分が将来何をしたいのか、自分はどんなことに興味をもって適性を発揮できるのか、ということを見つけることにあります。

その答えが出たら、何でも無差別に経験してみる意味がありません。

夢・目標にからむことに対してのみ、「買ってでも」苦労をする、それでいいと私は考えています。

たとえば、「技術一筋で生きていこう」と決めた人が、「何でも経験だから」と夜のアルバイトに挑戦してもあまり意味がありません。接客の極意やお酒に酔ったときの人のふるまいなど、得るものはたくさんあるでしょうが、そういう時間があったら、もっと夢・目標に直結する経験・勉強をしたほうが「意味のある苦労」になります。

▼やると決めたら最後まで

夢をたくさん持っている人には、それだけ多くの時間が必要です。だからこそ、回り道をしている暇はありません。それぞれの夢を「最短距離で実現する」工夫が求められるのです。「何事も経験。若いときの苦労は買ってでもする」という情熱をもってさまざまなことにチャレンジするのは大切ですが、夢への回り道になるようなものは選択肢からはずしてもいいでしょう。

もちろん、夢・目標にかかわる苦労はどんどん、してください。このアルバイトは役立つ、この勉強は絶対に必要だ、こういう場に出かけていくのは貴重な経験になる、そう思ったものに対しては、中途半端な挑戦に終わらせることなく、苦労に苦労を重ねるのがベスト。その苦労は必ず、夢・目標を達成するまでの距離を縮めてくれます。

【自分への質問】

……できるだけ具体的に書いてみましょう。

●毎日自分の「無知」をカウントできていますか？

YES　　　　NO

●過去に学んだ知識は、活用できていますか？

YES　　　　NO

●本を月に何冊読んでいますか？

●読んだ本には赤線がひいてありますか？

YES　　　　NO

●新聞はとっていますか？

YES　　　　NO

【自分への質問】

……できるだけ具体的に書いてみましょう。

●新聞からどんなふうに情報を得る工夫をしていますか？

●上司の悪口は言っていませんか？

YES　　　　NO

●上司の思考・行動をすべて吸収できていますか？

YES　　　　NO

●上司の振る舞いから、どんなビジネスマナーを得ましたか？

●いまの努力や残業は、「夢」につながっていますか？

YES　　　　NO

原則4

常にNO.1を目指す！

一流になる9つの仕事術

なぜ一番・一流を目指すのか

▼仕事をする喜びを考える

私は自分自身に対しても、社員に対しても、口ぐせのように、「一番になれ！　一流になれ！」と言い続けています。そのために、私はどうも周囲から「№1好きの男」と思われているようです。

半分はその通り。子どものころから負けず嫌いで、かけっこでもテストでも一等賞をもらわないと気がすまないところはありました。「一番が好き」というのは本当です。

しかし、半分は勘違いです。「一番が好き」だからではなく、一番にならなければ周囲の人たち、世の中の人々から笑顔をもらえないから一番になりたいのです。そして、人々の笑顔をもらうことで、自分も笑顔になるために、一番になりたいのです。

我がＧＭＯインターネットグループは「すべての人にインターネット」を旗印に、レンタルサーバーや公式ドメイン登録等の事業に取り組んでいますが、もし私どもの提供しているサービスが品質、サービス、価格、すべての面で№１でなかったらどうでしょう？　お客様は決して笑顔にはなれません。あなたがＧＭＯインターネットのサービスを利用していると して、もし雑誌やネットのランキング記事でＧＭＯインターネットが№１でなかったら、どう感じますか？　また、友だちから「もっといいサービスがあるよ」などと言われたら、「そっちにすればよかった」と思いませんか？

つまり、№１でなければ、お客様は私どもが提供するサービスに笑顔でお金を払ってくれないのです。仕事をしていて、それほど虚しいことはありません。

お客様は常に、自分が払うお金の対価として、最高の物・サービスを買いたいと思っています。性能やデザインがいちばん優れている製品を買いたいし、どこよりもおいしいものが食べたいし、誰よりも手厚いサービスでもてなして欲しいのです。そんな気持ちに報いることができて初めて、お客様から笑顔がいただけます。

と同時に、物・サービスを提供する側の人、つまり№１の仕事をした本人と、その会社で働く人たちもみな、いちばんいいものを作り、提供しているという誇りを持ち、笑顔になれるのです。仕事をする喜びというのはまさに、この一点にあるのではないでしょうか。

例えば、レストランで働いているとしたら、いちばん嬉しいのは代金をもらうときではないはずです。お客さまから「おいしかった」「ありがとう」と喜んでいただけたときこそ、それだけのサービスをした自分の仕事に誇りを持って笑顔になれるのではないでしょうか。

だからこそ、№1にならなければならない、私はそう考えています。

▼「心の体力」をつければ強くなれる

本当の意味での仕事のやりがいは、自分たちの提供する物・サービスについて、お客さまが本心から「本当にいいものをありがとう」といってくださる状況を作りだすこと。それによって、自分も笑顔になれること。ここを明確にしておくと、目の前の仕事だけに汲々として、「やりがいがない」、「つまらない」、「同じ作業の連続でイヤになる」などとぼやくことはなくなります。自分の取り組んでいる仕事の先に、人々の笑顔が見えてくるからです。

人が仕事に閉塞感や倦怠感を覚えたり、無気力になったりするのはすべて、夢・目標が見えていない証拠。このやりがいの定義がきちんとあれば、仕事の究極の夢・目標を見失うことなく、№1を目指して常に、モチベーションを高めておくことができます。

そしてモチベーションと共に大切なのは「体力」です。一つは常に№1を走り続けるための「体の体力」。そしてもう一つは、あらゆる状況に負けない「心の体力」です。「心の体力」とはすなわち誇りを持つこと。誇りを持てば、自分の判断力・決断力にも自信が持てるようになり、強い心を持てるようになります。

私はよく人に「強い人だ」といっていただくことがあるのですが、それは日本でいちばんホームページを増やした会社として、自分の仕事に誇りを持っているからです。

ただ注意しなくてはならないのは、「誇りを持つ」ことと「こだわりを持つ」ことは、違うということです。「こだわり」は過程に対して持つものであり、「誇り」は、生まれた結果に対して持つものなのです。私は、自分の仕事に誇りは持っていますが、こだわりはまったくありません。常に変化を恐れずチャレンジしていきたいし、昔はけなし言葉として使われた「朝令暮改」だって、むしろどんどんやるべきだと思っています。

本当の誇りを持てば、変化などにはビクともしない強さを持てるのです。

でも、若いうちは、目の前の仕事をこなすのに精一杯で、視野が狭くなりがちです。私自身、20代は、お金をたくさん稼げたり、上司にほめてもらえたり、早く仕事を終えてアフター5を充実して過ごせたりしたときなどに、仕事の喜びを感じていたものです。

それでも仕事に邁進《まいしん》するうちに、そんな喜びでは満足できなくなりました。

「No.1になれば、お客さまの笑顔をいただける。そうすれば、自分の仕事に誇りを持てて、自分も笑顔になる。会社も業績が向上して笑顔になる。業績が向上して会社が成長すれば、従業員の収入が増え、待遇も良くなり、社員はみんな笑顔になる。家族も笑顔になる。そして、笑顔で仕事をすれば、ますますいい成績があげられる。そんな笑顔の好循環を作ることが、仕事のやりがいだ」

と思うようになったのです。

ここに早く気づけば、より実り豊かなビジネスマン生活が送れることは間違い無しです。

「失敗」は、成功するまでやり続ける！

▼成功へ導くのは、成功体験だけ

私には「失敗した」という記憶がありません。成功したことしか覚えていないのです。もちろん、何度も失敗しているのですが、失敗を失敗と思っていないから、失敗として記憶に残らない、ということだと思います。ややこしい言い方ですみません。

よく「失敗したら十分に反省して、今後に生かしなさい。二度と同じ過ちを繰り返さないようにしなさい」というようなことが言われます。ただ私は、反省することは重要だとは思うものの、失敗体験を自分のなかで反芻《はんすう》するような反省の仕方は好きではありません。気持ちが非常にネガティブになって、失敗パターンが体に染み付いてしまいそうだからです。

「人を成功へと導くのは、失敗体験ではなく成功体験だ」と信じて疑わない私なので、いわゆる失敗をしても、「失敗したなぁ」とくよくよ考え込む時間は持ちたくないのです。

▼心はいつもポジティブに

ですから、何かまずいことが起きても、現実をそのままに受け入れるだけ。原因を情緒的にではなく、時系列でロジカルに分析して、事態を好転させる方法を考えます。

これなら、視線の先に成功があるので、心をポジティブな状態に保てるのです。頭のなかは「事態が好転し、最終的には成功に結びつく」というシナリオだけ。失敗したことに対する悔いを残さずにすむ分、失敗が失敗とならない、というわけです。

失敗して立ち止まったり、あきらめたりすると、失敗は失敗として残ります。でも、失敗だと思わなければ、成功へのプロセスの一つに過ぎません。

世界のナショナルを育て上げた、かの松下幸之助氏はこんな言葉を遺しています。

「失敗したところでやめてしまうから、失敗になる。成功するところまで続ければ、それは成功になる」私はまさに、この精神で仕事をしています。だから、「失敗した」という記憶がないのでしょう。

「成功体験」を重ねてツキを呼び込む

▼失敗を教訓にしない

失敗を失敗と捉えない習慣を身につけると、少なくとも気持ちの落ち込みが長く続いて時間を浪費したり、失敗体験が身に染み付いて何につけ「また失敗したらどうしよう」と消極的になったりすることは防げます。

人を成長させるのは「成功体験」です。「成功体験」を積み重ねれば、「何事もうまくいく」という自信が持てるようになります。「成功体験」の繰り返しによって、たとえ失敗しても無意識のうちに、

「これは本来の自分の姿ではない、自分が行動を起こせば必ず、いい結果が出る」

という思考に結びつき、逆境にあっても積極的に行動し、いつの間にかうまくいくように

自分を仕向けていくことができるのです。

逆に、失敗をして落ち込むことばかり続けていると、物事がうまく運んでいるときでも、それが本来の自分ではないような気持ちになります。そのために、もう一歩で成功という場面で思わぬ失敗をし、目の前の成功をつかみそこねることさえあるのです。

それでまた、「あぁ、やはり自分はダメ人間だ」と無意識の確信を深め、自分で自分を失敗へと導いていくわけです。

失敗体験がいかに危険で、「成功体験」がいかに重要かが、おわかりいただけたでしょうか。これからはもう、「失敗を教訓にしよう」などと考えないことです。

▼「成長スピード」を加速させる

私は失敗しても立ち止まったり、あきらめたりせずに、成功への挑戦を続けて結果的に成功させる、そこまでやって初めて何度も何度も「成功体験」をかみしめます。大いに喜び、脳に「成功体験」を強烈にインプットするのです。

そして、喜びながら、成功へのプロセスを検証し、「このアクションがよかった」、「こういう考え方で行動したからうまくいった」など、プラスの要素を抽出し、手帳に書き出していきます。これが、今後も自分の強みを最大限に発揮していくための、とても貴重なケーススタディになります。

さらに、これらの「成功体験」に基づいて手帳に書き出した〝成功への行動・思考リスト〟は、後に同じような仕事に取り組むときのチェックリストとして機能させています。たとえば、新規事業に挑む場合、成長性や将来性、新規性、No.1の可能性等、成功するための条件が揃っているかどうかを判断するガイドラインとして役に立ちます。

成功の可能性のない事業に乗り出して失敗してしまうことが未然に防げるのです。そこをクリアしていざゴーとなれば、チェックリストがベストなプロセスを進むにはどうすればいいかを教えてくれます。

思わぬアクシデントでつまずくことがあっても、好転させて成功に結びつけることで、それがまた成功のための新たなデータになります。

「成功体験」を蓄積すると、仕事にいい成功の循環を作ることが可能になり、どんどんツキがまわってきます。と同時に、自分の弱みを強さに転じることもできます。

失敗により弱みが露呈しても、最後には成功することによって、自分のなかで弱みをカバーするだけの強さが育まれるのです。失敗を反省するよりもずっと、成長スピードを加速させることができるでしょう。

夢・目標にかかわるアクションに関しては、気持ちをネガティブにする反省は無用。思考を良くすることだけに集中させ、どんどん「成功体験」を積み上げてツキを呼び込みましょう。

ピンチは論理で乗り越える

▼いちばん大切なのは、度胸ではない

仕事をしていると、顔が蒼ざめ、頭が真っ白になるようなピンチに見舞われることがあります。そんなとき、人はさまざまな行動をとります。

パニックに陥り、ただオロオロとするだけの人。

ピンチだ、ピンチだと周囲に窮状《きゅうじょう》を訴える行動に終始する人。

ピンチを招いたのは誰だと責任者探しに懸命になる人。

ピンチを誰かの、あるいは何かのせいにして、非難するだけの人。

やけくそになって、闇雲に大胆な行動に走る人。

これらは悪い例ですが、大半の人がいずれかの行動パターンにはまってしまうケースが多

数、見られます。

では、ピンチはどのようにして乗り越えればいいのでしょうか？

よく、「ピンチは度胸で乗り越える」などと言われることがあります。たしかに、ピンチを迎えたとき、いたずらに動じることなく、腹を括って事に当たることは大切です。

しかし、度胸だけでは十分ではありません。「よし、このピンチを受けて立とう」とばかりに、後先も考えず、何の策も持たずに突っ込んで玉砕する危険があるからです。あるいは、泰然《たいぜん》自若《じじゃく》とするだけで、成り行き任せにしてしまう心配もあります。

ピンチを迎えたときに最も重視すべきは、そういう度胸ではなく、冷静に事態を整理・分析し、問題点を突き止めたうえでピンチを乗り越える策を考え、ベストと判断した行動を迅速にとることです。

「それができなくて困っている」と言いたい気持ちはわかります。ピンチに見舞われると、人はどうしても、おろおろします。思わぬ事態に困惑し、「どうしよう、どうしよう」という漠然とした思いだけが頭を駆け回る、そんなふうに人の脳はできているからです。

しかも、何かいい策を思いついたとしても、その行動がいい結果に結びつくという保証はないので、さらに困ります。ピンチのときだけに悪い結果ばかりを予測して、頭のなかは「困った、困った」という思考で充満してしまいます。

そういう頭の状態を一発で「正常」に戻す方法があります。それは、脳が勝手に〝困ったモード〟に入る前に、

「ポイント、ポイント、ポイントは何だ？　いま、いちばん重要なことは何だ？　ベストな行動は何だ？　ポイントに集中しろ！　ベストな策を考えろ！」

と言葉に出して言うことです。

つまり、脳が悪い思考の循環に陥るのを、先手を打ってシャットアウトしてしまうのです。もちろん、心のなかでつぶやいても、大きな声で叫んでもかまいません。

脳の動きというのは、言葉に支配されています。逆に言えば、言葉にして指示を出さないと、脳は自分勝手に動き出します。だから、パニックから抜け出すためには、脳に、「冷静に考えなさい」という指示を与えてやればいいわけです。

これができれば、ピンチは乗り越えられたのも同然です。事態をあるがままに受け入れて整理し、ロジカルに分析して問題点を突き止めるのみ。ピンチをチャンスに転じることも可

能です。

▼パニック時の脳を、自分でコントロールする

この「ポイント思考」は、さまざまなシーンで使えます。

たとえば、仕事でミスをしたとき。大変なピンチでも、おろおろすることなくすぐに頭を切り替えて、善後策に走ることができます。パニックに陥るのを防ぐのはもちろん、困惑する余り、ミスを取り繕うために言い訳をしたり、ウソをついたり、あるいはミスを隠すことに懸命になったりするようなみっともないことをせずにすみます。

また、複数の仕事が錯綜《さくそう》して、「どこから手をつけたらいいかわからない。でも、今日中にクリアしないと、大変なことになる」というようなピンチを迎えたときも有効です。気がせいてあちこちの仕事に手をつけ、すべてを中途半端にすることなく、優先順位に従って計画を立て、着々と進めていくことができるでしょう。

このように、ピンチに見舞われたときは、根拠のない危機感を募らせるべからず。脳にポイントに集中するよう指示を出して、現実と真正面から対峙するのがベストです。たとえピ

ンチによる災難が逃れようのないものであったとしても、被害は最小限に食い止められます。

この手法は、ピンチだけではなく、「心が舞い上がってしまうほどのビッグチャンスが到来した」ようなときにも使えます。

「チャンスだ！」となると、人は意外と冷静さを失います。頭のなかが嬉しさと、前向きな思考でいっぱいになるのはいいものの、それだけに気持ちだけが逸《はや》って、無計画に突っ走ってしまいがちなのです。脳が勝手に盛り上がるのを制して、冷静な思考を心がけていただきたいところです。

このほか、「苦手な人と会わなければならなくて、気持ちが落ち着かない」とか、「上司に叱られることをしてしまったから、今日は会社に行きたくない」、「プレゼンテーションを前に異常に緊張している」など、心が不安や心配、恐怖でいっぱいになったときにはぜひ、脳の身勝手を許さないよう行動するといいでしょう。


自分のやるべきことが、心配したり怯えたりすることではないと明確になり、前向きな気持ちで行動することができるはずです。

判断力・決断力を身につける超簡単・シンプルな方法

▼常にゴールから考える

これからリーダーシップを発揮して、有能なビジネスマンとして活躍しようとしている若い人たちは、いまのうちから判断力・決断力を身につけておくことが望まれます。

明言しますが、優柔不断な思考をしている限り、ビジネスで成功することはありません。

少し厳しい言い方をしてしまいましたが、判断力・決断力を身につけるのは、実は非常に簡単かつシンプルです。

「夢・目標を明確にし、到達までの最短距離を考える」

以上、終わり、という感じでしょうか。

たったこれだけのことで、ああでもない、こうでもない、ああしようか、こうしようかと悩む時間が格段に減り、冴えた判断力・決断力を発揮することができるようになります。**ようするに、ゴールを起点にして、現時点からどのようなプロセスでどんな行動をとればいいかをイメージし、考えればいいのです。**

優柔不断でなかなか判断・決断のできない人というのは、自分のいま立っている足元しか見ていないものです。だから、ゴールに達するまでの道のりをシミュレーションできないだけです。

夢・目標を達成するまでにいつの時点で何をするか、については必ず、複数の選択肢があります。そのうちのどれを採用してアクションを起こすかで悩むわけですが、足元だけ見ていてもベストな選択肢はわかりません。判断力・決断力の発揮しようがないわけです。

しかし、ゴールから考えると、その選択肢のどれが最短距離で達成するものなのかがわかります。したがって、即決が可能になります。

こんなふうにゴールから戦略を練ると、たとえどこかで判断を誤ったとしても、また思わぬアクシデントが生じたとしても、修正がききます。常に、ゴールから見たベストな選択肢を採用するため、多少の計画変更は生じても、結果はうまくいくのです。

逆に、ゴールをしっかり見ずに走り出し、足元ばかりを見ている場合は、修正の必要性が生じてもそれに気づきません。汲々とし、悩む時間が長いわりには場当たり的な行動を繰り返すので、結局は目標未達に終わる可能性が大です。

▼迷わない！ 思考法

わかりやすい例としてたとえば、新製品発表のイベントを任されたとしましょう。会場の確保からイベントのシナリオ作り、人員の配置、関係各所への協力要請、経費の計算、デモに出演してもらうタレントの選定、招待状の作成および配布、作業スタッフへの弁当の手配……やるべきことは山ほどあります。

これを、ゴールに立った視点なく、個々の作業に応じて「これはどうしようか。あれはどうしようか」と悩んでいたら、いっこうに事は進みません。「こういうコンセプトでイベントを実行する」というゴールの絵をしっかりと描かないことには、「いつまでに何を」するかが明確にならないからです。

判断力・決断力のない人はこれがないから、「まずは会場を確保しよう」などと見切り発車をして、「ここは広すぎるかな。あそこは場所が悪いな」と何のロジックもないままに悩みます。「では、タレントは誰にしよう？　そうそう、会場の設営はどこに頼もうか。社員は何人くらい動員すればいいかなぁ。予算があまりないから、経費は極力抑えなくてはいけないね」といった具合に、一事が万事、場当たり的な判断で行動します。しかも、ゴールの青写真がないために、決断に時間がかかります。

イベントの成否は言うまでもないところ。判断・決断に迷いが多ければ多いほど、成功する確率は減っていくと言っても過言ではないでしょう。

その点、イベントのコンセプトと内容を最初にしっかり打ち立てておけば、どういう会場がふさわしいかはすぐにわかるし、設営をどの業者に依頼するかも得意分野から判断すればいいいし、人員配置に困ることもありません。

リーダーは、ゴールをスタッフ全員に理解・浸透させるとともに、ゴールから逆算したスケジュールにしたがって、スタッフを動かせばいいだけ。スピーディに事が運び、計画通りの絵を実現できます。

イベントのような人を動かす大仕事に限らず、仕事というのはすべからく、ゴールから逆算して戦略を練って、個々のアクションを判断・決断していくものです。

私は常に、何かを決める時や大事な打合せの前には、目をつぶってイメージングするようにしています。成功のイメージをしっかり持ってから考えることで、判断・決断にミスがなくなるのです。

若いうちからこの思考パターンを身につけておくと、判断力・決断力に優れた強いリーダーシップを発揮する有能なビジネスマンになれます。

行動するときは常にゴールをイメージし、考える、それが判断力・決断力を身につけるための最も簡単・シンプルな方法と言えるでしょう。

何でもメモし、読み返す習慣をつける

▼「メモ」は読み返さなくては意味がない

最近、大学やビジネスセミナーなどで講演させていただく機会が増えてきましたが、いつも驚かされることがあります。それは、私の話を聞きながら、メモをとっている人が非常に少ないということです。

みなさん、何かを得よう、吸収しようと熱心に耳を傾けてくださいますので、それは話し手として非常に嬉しいこと。感謝しているものの、老婆心ながら、「メモをとらないと、何か気づきがあっても、後々に生かせる可能性のある学びを得ても、行動につながらないのではないか」と思うのです。

「私が聴衆の立場なら、問題意識をもって講演に臨み、絶対に要点をメモする。そして何度も読み返し、その後の行動に生かすのに」とも。

実際、これまで講演会に参加したり、人と会ったりしたときのメモは、私にとってはいまでも、いやこれからも貴重な宝です。なかには、

「すぐやる、必ずやる、できるまでやる」

「集中力、行動力を持とう」

「周囲を気にし過ぎるな。自分を見失うな」

など、**読み返すだけではなく、何度も何度も書いて自身への戒めとしている言葉もあります。そうして脳に繰り返し叩き込むと、本当に人格が変わるという事実も身をもって経験しています。**メモとはそれほど重要なものではないでしょうか。

私は周囲から「メモ魔」と呼ばれるほど、いつもメモをしています。そのメモを始終読み返し、効果的に行動に生かすために、システム手帳を活用しています。今日の私の成功は、この手帳があったからこそと言っても過言ではありません。手帳が私の夢を実現する指南役として、機能してくれたからです。

このメモ&手帳活用術については拙著『一冊の手帳で夢は必ずかなう』（かんき出版）に

詳しく書かせていただいた通り。機会があればご一読いただくとして、本項ではなぜ、私が「何でもメモし、読み返す習慣をつける」ことを重視しているのか、またメモが集積された手帳を読み返すことにどんなメリットがあるのか等について、お話しておきましょう。

▼会話のすべてを記憶できる人はいない

私は公私にかかわらず、人と会うときは必ず、手帳を傍らに置き、いつでもメモできる体勢で会話を交わしています。なぜなら、人から聞いた〝いい話〟をすべて記憶していられるほど、頭のいい男ではないからです。

これがいかに重要かは、「メモし、読み返さなかったら、どんなことが起きるか」を考えてみるとわかりやすいでしょう。たとえば、以下のようなことが起こります。

○ 何かの案件に取り組んでいるとき、「そういえば、いつだったかこれに参考になる話を聞いたな」と思い出しても、その内容は闇の彼方。せっかく得た情報を生かすチャンスを逃す

○依頼されたことをすっかり忘れて、相手に「あの件、どうなりました?」と催促されてから思い出し、気まずい思いをする
○人との約束をうっかり忘れて、相手の怒りを買う
○その場では「いい言葉を聞いた。座右の銘にしよう」と思ったものが、いつの間にか記憶のブラックホールへ。自分を律するのに役立ってくれるはずの言葉が跡形もなく消えてしまう
○「言った、言わない」&「聞いた、聞いていない」論争が巻き起こり、人間関係にひびが入る
○同じ話を同じ相手に何度も繰り返し、ひんしゅくを買う
○「どこかにメモしたはずだ」と思い出しても、目的のメモがなかなか見つからず、ムダな時間を過ごす。そのために物事が遅滞し、周囲に迷惑をかける

などなど。

メモし、読み返す習慣のない人には、いちいち思い当たることがあるのではありません

か？　メモさえしておけば、メモをしっ放しにせずに読み返しさえしていれば、こういうことは起こらないのです。

メモすること自体は、すぐに習慣づけることができます。とにかく手帳を開き、要点をちょこちょこと書くだけですから、心がけ一つで簡単に身につくでしょう。

▼「読み返す」ための4つの整理法

問題は、どこにメモして整理し、いかにして読み返す習慣をつけるか、ということです。手帳が行方不明だからと、デスクにたまたま乗っていた資料や、箸袋、煙草の空き箱、本のカバー等、その辺の手近な紙に走り書きをしたり、ひどい人になると手のひらに書き付けたり。そんなふうでは、メモそのものがどこかに紛れて、永遠に日の目を見ないことになりかねません。

それを防ぐためには、**第一に手帳を鞄のなかや引き出しにしまいこんだりせず、常に携帯すると同時に自分のそばに置いておく必要があります。**

第二に、手帳のどこにメモし、どんなふうに整理するかというルールを決めておくことが

大切です。

私の場合、手帳をミーティングの種類や人物、案件など、テーマ別にグルーピングして整理しています。そのなかの該当する項目のところへ、人との会話内容を記すリフィルを挿入するスタイルです。

その際の原則は「1件につき1リフィル」。複数の案件を1枚のリフィルにメモすると、後で検索しやすいよう整理することができないからです。

誰かとお会いする前には、しかるべき場所に新しいリフィルを用意して、臨むようにしています。

こんなふうに整理しておくと、「テキトーなページにメモしたために探すのが大変」ということなく、すぐに必要なメモを見つけることができます。

第三に、空き時間を見つけては始終、メモを読み返すことです。

「空き時間がない」とは言わせません。移動時の電車のなか、食事の時間、トイレやお風呂で過ごすとき、人を待っている間、何となくボーっとしているとき……一日のうちに空き時間はいくらでもあります。自分が何もしていないと感じたら、すぐさま手帳を開く、そういう習慣をつけるといいでしょう。

何度も読み返すうちに自然と、どんな情報がどこにあるかをおおよそ覚えてしまいます。それだけ、後に参照したいときの検索スピードがアップします。

第四に、1日の終わりと週末に、メモを整理し直すことも重要です。その日、その週の行動記録や、自分が仕入れた情報などを読み返すと、ふいにアイデアがわいたり、やるべきことを思い出したりします。

それをまた、アイデアなら該当する仕事内容別のページに、やるべきことならスケジュールのページに、といった具合に、決まった場所に書き写しておけば万全でしょう。メモを行動に結びつけることができます。

第五に、以上のことが習慣づけられたなら、メモすると同時に、その内容はきれいに忘れてしまうことです。

▼「考える脳」を残しておく

手帳を記憶中枢《ちゅうすう》化できればもう、自分の頭のなかにいろいろな情報をためておく必要はありません。脳の〝空き領域〟を広げて、「考える」仕事に集中するためのベストな環境を整えましょう。

このように、手帳を「情報がきちんと整理されたメモの収容庫」とすると、仕事がぐんとはかどります。夢・目標に向って何をなすべきかが一目瞭然でわかります。

ビジネスマンの多くは、メモの習慣がないばかりに、「忘れてはいけない」予定や情報を簡単に忘れているように思えてなりません。真剣に夢・目標を実現したい気持ちがあれば、自然とメモをとる手が動くというものです。

私は20代のころ、よく父から、

「いちいちメモをとるな！　頭で覚えろ！」

と叱られたものですが、この一点に関しては、父の教えに従わなくて正解だったと思っています。私の信条は、

「メモをとる習慣が自分の人格をつくり、運命をつくる」

ということです。

ところで、『「原因」と「結果」の法則』（ジェームズ・アレン著　サンマーク出版）に、

「人間は思いの主人であり、人格の制作者であり、環境と運命の設計者である」

という言葉があります。

これは、人は環境や命令に左右されるのではなく、自分の心の持ち方ひとつで、人格も、周囲の環境も、運命も、自分で作り出すことができるという意味です。

この言葉に喩《たと》えれば、私にとってのメモは思いを変えるものに当たります。なぜなら、メモすると決めたことによって、夢・目標に向う気持ちが高まると同時に、行動力がいっそう増したからです。

それがひいては、自分を変え、環境を変化させ、運命を形成していったのだと思います。

いままでメモの習慣のなかった人は、今日からでも遅くはありません。「読み返し、行動に反映させる」ことを前提に、自分が使いやすいスタイルの手帳を作り、そこにどんどんメモをしていくようにしましょう。

重要な情報は手帳に綴じておく

▼情報感度のアンテナを鋭敏に！

ビジネスマンにとって、情報収集は重要です。いかに多くの良質な情報を集めたかが、成否の分かれ目になると言ってもいいほどです。

では、いい情報を集めるにはどうすればいいのでしょう？　これもやはり、夢・目標を明確にすることなのです。

たとえば、新聞や雑誌にしても、ただ漫然と記事を読んでいるだけでは、どの情報が自分にとって重要なのかがわかりません。何も頭に引っかかってこないのです。また、街を歩いたり、遊んだりしているときもそう。頭のどこかに「夢・目標に役立つ、何か新しい発見はないものか」という意識があるのとないのとでは、吸収する情報量が自ずと違ってきます。

そう、夢・目標があれば、情報感度のアンテナが鋭敏になるのです。たくさんの良質な情報を集めたいと思うなら、頭に夢・目標を叩き込んでおくことがいちばんでしょう。

もっとも、情報は収集するだけでは、何の役にも立ちません。どれだけたくさん集めても、それらの情報がいかにきれいに整理されていたとしても、行動に結びつかなければ、情報の価値はゼロです。

その意味で、重要な情報は「いつでもどこでも取り出せる」状況にしておくことがベストです。そこでまた登場するのが手帳です。

▼情報の接触頻度を増やすこと

私の手帳には、〈原則1〉でお話しした「夢・人生ピラミッド」と「未来年表」が、手帳サイズに折りたたんで綴じこまれています。手帳を読み返すたびにこの2つを眺め、夢・目標に向う気持ちを鼓舞するためです。

また、夢に関連して言えば、写真や絵などでビジュアル化したものを「やりたいことリスト」に貼付《てんぷ》しています。たとえば、「会社を興したい」という目標には雑誌などで見た都心のかっこいいオフィスの記事、街で「夢の外車」を見かけたら自分がオーナーであるかのような顔をして撮った写真、新聞記事で見つけた「こんな男になりたい」と感動した立志伝の記事などです。こうすると、夢が視覚的にリアルに訴えかけてくるのです。

もちろん、新聞や雑誌などでクリッピングした記事のうち、「これは重要。すぐに使える」と思ったものは、縮小コピーをしたり、折りたたんだりして、手帳に収納しておきます。インターネットで得た情報も、重要なものはプリントアウトして所持しています。

情報を生きたカタチで活用するためには、接触頻度が大切。何度も目に触れることで、情報が頭のなかでこなれてくるというか、いつでも利用するために引き出せる、利用価値の高いものになります。

おかげで私の手帳はパンパンに太っていますが、「いま考えなければならない」すべての情報が収まっているので、とても便利です。

みなさんもぜひ、自分にとって重要な情報は常に手帳に収納・携帯し、ちょっとした空き時間に読み返すようにしてください。利用価値がますます高まるはずです。

情報整理はサイズを統一して管理する

▼A4ファイルに情報を整理する

情報整理に関して、私は「サイズの統一」をルールとしています。大きさがまちまちだと、それだけで整理をするのが難しくなるからです。

したがって私は、手帳に綴じこむ最も重要な情報以外の、随時利用するものは目的別にA4サイズに統一して整理をしています。つまり、A4サイズの用紙に記事を貼ったり、A4サイズのクリアファイルに収納したりして保存するのです。具体的には、新聞・雑誌の記事や会議で使った（これから使う）資料、勉強会で配布された資料などです。

私が整理に使用しているのは、ボックスファイル。夢に沿ったテーマ別に箱を用意し、そこに情報の具体的な内容を示すインデックスを付けた資料を時系列で整理しています。

▼一発検索できる資料管理

ファイル整理の**一番のポイントは、検索しやすいようにすることです。**目的の情報がすぐに出てこないような整理の仕方だと、大きな時間のロスを招きます。情報にはきちんと日付を入れておくことはもちろん、時系列でも案件からでも一瞬にして目的のものを探し出せるクロスリファレンス方式を採用することをオススメします。

ビジネスマンのなかにはしょっちゅう、「あの資料、どこにいったっけ?」と探し物をしている人が少なくありません。一つひとつの探し物にかかる時間はさほどではなくとも、塵も積れば山となります。そんな何も生み出さない行動に時間を使うのは非常にもったいないと思いませんか? システマチックに情報を整理する工夫をするのも、ビジネスマンの能力のうちと言えるでしょう。

それに、手帳にしてもA4ファイルにしても、情報を整理すると、頭のなかをも整理できるのは大きなメリットでしょう。

整理する時間を惜しんで、探し物をする時間を増やすのは愚の骨頂なのです。

インターネット・サービスを利用する

▼オススメの二つのサービス

言うまでもなく、インターネットはいまや、ビジネスマンにとって不可欠な情報ツールです。みなさんも日々、メールによる連絡や情報検索をはじめとするさまざまなサービスを利用されていると思います。

私も同じ。いち早くインターネットの魅力にとりつかれたことが、今日のビジネスに発展したのですから、草創期から大いに活用しています。

ただ、非常に便利なインターネットも使い方によっては弊害をもたらすこともあります。

たとえば、検索に手間隙《てまひま》かけ過ぎて仕事時間を浪費したり、増える一方のメール処理にてんやわんやになったり、ネット情報を目で追うことに終始したために得た情報・知識がストックされなかったり。上手に使いこなさなくては、インターネットに使われるハメに陥らないとも限りません。

ここで参考までに、オススメのオトクなサービスを2つ、紹介しておきましょう。いずれも、私自身が自分の夢を達成するために不可欠なものであり、宣伝するわけではありませんが、そのメリットをみなさんと共有しようと事業化したサービスでもあります。

▼メーリングリスト

一度に大勢の人と情報を共有するのに便利なツールが「メーリングリスト」です。会社では、プロジェクトや部署ごと、あるいは全社レベルでこのサービスを利用している方も多いでしょう。プライベートでも、同窓会や趣味のサークル、異業種交流会等、さまざまなグループのネットワークに活用されています。

これを利用すると、メールの宛先やCC・BCC欄に何10人ものメールアドレスを入力する、またはアドレス帳から検索してコピーする手間が不要。**一つのメールアドレスに送るだけで、メンバー全員に同じ内容のメールを配信できます。コストゼロというのも、大きな魅**

力です。

私は社内外で、いくつものメーリングリストに参加しています。とくに利用価値が高いのは、知りたい情報があるときに「ご存知の方、教えてください」と呼びかけたり、協力者を募りたいときに「興味のある方はご一報を」とお願いしたりするときです。瞬く間に欲しい情報が手に入ります。情報収集にかかる時間を、大幅に削減できるわけです。と同時に、さらに詳しい話を聞く場合の事前学習にもなります。

我がGMOインターネットグループではもちろん、「メーリングリスト」のサービスを提供しています。「FreeML（フリーエムエル　http://www.freeml.com/）」というのがそれ。多くのユーザーのご支持をいただき、いまでは日本をはじめとするアジア最大の無料メーリングリストサービスに成長しています。

▼検索サービス9199.jp

私はとにかく、非生産的な時間でしかない「探し物」が大嫌い。情報収集はアナログでもデジタルでも、少しでも検索スピードを向上させようと、工夫しています。そんな気持ちを具現化したサービスとして、昨年、「9199.jp（クイック ジェー ピー）」という検索の新サービスを立ち上げました。（ＳＭＡＰの稲垣吾郎さんのＣＭを通して、すでに活用してくださっている方も多いと思います。感謝！）

これは、ヤフーやグーグルをはじめとするすべての検索エンジンを一瞬にして横断検索すると同時に、電話帳に掲載されている情報まで検索できるもの。もちろん無料で、会員登録の必要もありません。「9199.jp（http://www.9199.jp）」にアクセスし、プラグインダウンロードをしていただければ、すぐに利用することが可能です。クイックダウンロードを使うと、その操作は五秒で完了します。

何かを検索するとき、複数の検索エンジンを渡り歩いていて、あっという間に時間が過ぎてしまった、という経験はありませんか？　私はこの時間をもったいないと思い、一発検索できるサービスがあるといいのに、と常々思っていたのです。

また、既存の検索エンジンはどれも、ホームページを開設している企業の検索しかできません。電話帳に登録されている八百万件以上の会社や事業所、商店等の情報もインターネットで閲覧できることが望ましいとも考えていました。

「9199.jp」はそんな経緯から誕生したサービス。もともと、子会社が中国で同種のサービスに取り組んでいたことから、そのテクノロジーを応用して開発しました。少々手前味噌ながら、検索スピードが格段にアップすることは私が保証します。

このほか、私は情報収集の一環として、数10誌のメールマガジンを購読していますし、キーワードを設定しておくと自動的に関連情報をクリッピングしてくれる「RSSリーダー」というサービスも利用しています。

【自分への質問】

……できるだけ具体的に書いてみましょう。

●あなたの「仕事をする喜び」は何ですか？

●失敗をして、落ち込んでいませんか？

YES　　　　NO

●いままでどんな「成功体験」を重ねましたか？

●ピンチのときに、いちばん大切なことは何ですか？

●パニック時に自分の脳をコントロールできますか？

YES　　　　NO

【自分への質問】

……できるだけ具体的に書いてみましょう。

●仕事は常にゴールから逆算していますか？

YES　　　　NO

●メモはとっていますか？

YES　　　　NO

●とったメモを読み返していますか？

YES　　　　NO

●重要な情報は、いつでも読み返せるように管理していますか？

YES　　　　NO

●いま利用しているインターネット・サービスは何ですか？

原則5

運命は自分で決める！

人脈と時間をコントロールする7つの技

「人脈」を作らない人脈術

▼名刺交換会は、労多くして功少なし

ビジネスマンにとって人脈は、かけがえのない宝です。互いの持つ〝専門力〟を生かして何かをしたり、自分の苦手なことや知らない分野の知識をカバーしてもらったり、劇的なコラボレーションを実現させたり。人と人とのつながりが、ビジネスチャンスを無限に広げてくれることはたしかです。

それでもあえて、私は言います。

「若いうちは、人脈を作る努力をしなくてもいい」と。

なぜなら、自分の力をつけることと、多くの人をひきつけるだけの魅力を備えた人間になるための努力をすることのほうが、最優先課題だと思うからです。

みなさんのなかには、「人脈を作ろう」と積極的に、異業種交流会や講演会をはじめとする各種パーティに出かけて行き、盛んに名刺交換をしながら〝知り合い〟を増やしている人がいるかもしれません。それを悪いとは言いませんが、「労多くして功少なし」という結果に終わることが大半でしょう。実際、

「いろいろなパーティに顔を出したけれど、たまったのは名刺だけ。後でそれらの名刺を見返しても、顔を覚えている人はほとんどいない」

という話をよく聞きます。このほか、

「多くの知り合いにはなれたけれど、関係はそこまで。後日、互いに時間を作って会うまでには至らない」

「翌日、名刺交換をした人から山のようにメールが届き、その処理に膨大な時間を費やす。でも、メールのやりとりは、その1回こっきりに終わった」

「知り合う人はパーティ好きが多いというか、あちこちで顔を合わせる。おかげで親しくはなれたけれど、パーティ友だちの域から脱せない人たちばかりだ」

など、名刺交換会の虚しさを嘆く人は意外と多いようです。

▼人脈はビジネスのギブ&テイクが成り立ってこそ

人脈というのはビジネスに生かせてこそ、自分の強みとできるもの。単に顔見知りの人が増えただけでは、出会った意味がないも同然ではないでしょうか。

そんな努力をする時間があったら、一番・一流を目指して自分磨きに精を出すほうがどれほど有効に時間を使えるか、考えるまでもないことです。

しかも、ビジネスにおける人と人との関係は、ギブ&テイクが基本です。

これから成長していく、いまはまだどの分野でも習熟途上にある若者には、ギブできるものがほとんどありません。ということは、人からのテイクも期待できないということです。自分に力がないのに、人脈の力を借りようとは虫がよすぎます。

誰だって、何もギブしてくれない相手に、何かをテイクさせてあげようとは思わないでしょう。

その点、力がある人には自然と、人が寄って来ます。若いみなさんがいま、力のある人から何かを得ようとしているのと同様、自分に力があれば人が群がってくるものなのです。

人脈作りはそれからでも遅くはありません。たくさん寄って来る人たちのなかから、

「この人は力がある。魅力的だ」

と思える人と親しくなればいいのです。

私自身、目的なくして、あるいは誘われて、不特定多数の人が大勢集って名刺交換会が始まるような勉強会や異業種交流会などに参加したことはほとんどありません。

人との出会いは大切にしているし、いただいた名刺は「これも何かのご縁」と貴重品を扱うように大事にファイルしていますが、だからこそやたらと名刺交換をしたくない気持ちがあるからです。

そういう人脈作りの時間を惜しんで仕事と自分磨きに励んでよかった、いまは実感としてそう思っています。

自分自身を高めない限り、たとえ人脈らしきものができても、やがて関係が錆びてしまうだけではないでしょうか。

「大物」エネルギーで、モチベーションを高める

▼会う人は人生を左右する

人との出会いというのは基本的に、自分から求めて会いたい人に会いに行って初めて、実りあるものになると、私は考えています。自分の人生にとって必要な運や情報を持っている人のところへ出向き、相手のお役に立つことによって何かを得る、それが理想的な出会いの構図でしょう。

その意味で、自分から求めて、憧れの「大物」に会うことも大切だと思います。

ただし、若いうちはそういう人を人脈にしようなどと考えてはダメ。接することをいちばんの目的に、会いに行くのです。

というのも、「大物」は非常にエネルギーも個性も強い人たち。若輩者にとってはそのエ

ネルギーが強過ぎて、言葉は悪いけれど、かえって毒気に当てられたようになる場合が多々あるからです。

言い換えれば、「大物」のエネルギーに巻き込まれて、自分本来の力や人生設計を見失ってしまう危険があるということです。

また、近づき過ぎると、相手を含む周囲から「取り入って利用しようという下心がありそうだ」などと、胡散《うさん》臭い目で見られる可能性もあります。

私も20代のころは、自分の憧れの経営者の講演会に出かけるなど、「大物」との出会いを求めて行動することがありました。でも、相手にとって当時の私などは、子どものような存在です。とてもまだ、対等にお話させていただけるだけの力はありません。私はご挨拶して名刺だけいただいて、それを手帳に貼り付けて、

「いつか彼のようになる！」

とモチベーションを高めたことを覚えています。

若者にとって憧れの「大物」に会う最大の目的は、夢・目標に向う士気を高めること。まだまだ「大物」と出会うほどの力量は自分には備わっていないことを自覚しておく必要があ

るでしょう。

▼出会いは必然の偶然

出会いというものは、「必然の偶然」である要素が強いと、私は考えています。その出会いにふさわしい人間になって初めて、いい出会いがあると思うのです。

私は会社を上場した35歳以降、世に「怪物経営者」として知られる方々に会いたいと強く思いました。上場企業の会社経営者とはどんな人物であるべきなのか、そのイメージを具体的に膨らませたいという気持ちが動いたのです。

すると不思議なもので、お会いできるチャンスが巡って来ました。講演会やセミナーに行ったりするだけではなく、個人的にアプローチして面会をご快諾いただいた方もいれば、たまたま何かの席にご招待いただいて出会いが実現した方もいます。

私自身の力量という部分では、対等とまではいきませんが、若いころに比べればかなり深い話ができるだけのものを身につけていたことが大きかったかもしれません。そういう出会いだったからこそ、以後も親しく交流するいい関係が構築できたのだと思います。

ちなみに、ソフトバンクの孫正義社長と最初にお会いした10数年前、私は氏にとって「会っても何の意味もないヤツ」だったでしょう。名刺を交換させていただいたときも、「ふうん、誰?」という感じでした。

しかし、手帳に氏の名刺を貼り付け、懸命に仕事と自分磨きに励んだ結果、いまではソフトバンクグループの「Yahoo!JAPAN」と合併会社を作るまでにいたっています。

自分を高めれば、自ずと「大物」との関係は変わってきます。みなさんもいまは「大物」との出会いは挨拶するだけにとどめて、仕事に大いに精進しましょう。

「ビジネス仲人」を探して人脈を広げる

▼知識も人脈も資産も増やせる「人脈」

自分に力がついた日のために、ここで一つ、人脈を広げるコツのようなものをご紹介しておきましょう。それは、「ビジネス仲人」を見つけることです。

「仲人」と言っても、結婚相手を探してくれる人のことではありません。ビジネスの良きパートナーとなれる人を紹介してくれる人のことです。

世の中には、たくさんの「人のカード」を持っていて、その持ち札のなかから人と人を結びつけるのが実に上手な人がいます。

多くの場合、「ビジネス仲人」その人はとくに有名人ではないのですが（もちろん、仕事は一流です。念のため）、**さまざまな分野で名を馳せている「大物」から、まだ無名だけれ**

ど非常にポテンシャルの高い若手まで、本当に多種多彩な人物と、厚い信頼関係に基づく人脈を有しています。

私もこれまで、仕事をするなかで数人の「ビジネス仲人」と巡り会いました。おかげで、私の知識も人脈も資産も増えた、と言っても過言ではありません。資産と言うと不思議に思う人もいるでしょうが、「先生に紹介された会社に出資したら、大きな利益が得られた」なんてこともあったのです。

▼自分自身が信頼に足る人物になること

人はふつう、いろいろな意味で影響力の強い「大物」と人脈を築きたがるものですが、私はそれよりも「ビジネス仲人」を見つけるほうが、自分にとってメリットの大きい人脈作りになると考えています。「ビジネス仲人」は客観的な目で、

「この人とこの人を結び付けると、おもしろいビジネスに発展しそうだ。こういうメンバーが力を合わせると、いままでにない革新的な事業が生み出されるかもしれない」

などと判断してくれます。

また、紹介される方も、両名に通じている「ビジネス仲人」の紹介であれば、互いに最初から安心・信頼して相手と出会うことができます。

同じ「はじめまして」の挨拶からつき合う関係にしても、信頼できる「ビジネス仲人」が介在することで、非常にスムーズに交流を深めていくことができるわけです。

どの人が「ビジネス仲人」かはなかなか判断が難しいところですが、自然とわかるようになるはずです。

ただし、繰り返しますが、**いい「ビジネス仲人」に出会うにはやはり、自分に力をつけることが先決です。**

自分自身が信頼に足る人物にならないと、誰も「ビジネス仲人」の名乗りをあげてくれません。力のない人物を紹介するなど、一流の「ビジネス仲人」の沽券《こけん》に関わることだからです。

同業者から情報を得られる関係を作る

▼専門力に磨きをかける

異業種の人と話をすると、とても刺激になります。知らない業界の話に知識欲が満たされるし、そこから全く新しい視点・発想を得て、自分のビジネスに応用できるアイデアが生まれる可能性もあります。

ときには会社や業界の枠の外に飛び出し、異質な世界で非日常的な人間交流をすると、自分をより大きく成長させることができるのです。

日々の仕事に疲れ果て、家と会社を往復するだけの毎日より、ビジネス抜きで異質な世界と触れ合うアフター5の時間を持っているほうが、ずっと仕事にもいい影響を及ぼすと思います。

しかし、同業者の人と仲良くすることも大切。そのメリットはおもに二つあります。

一つは、同じ分野の専門知識を持つ者同士、互いの情報を交換することで、より専門力を磨けることです。

異業種の人と専門的な深い話をしても、相手は退屈するだけで、大したリアクションは期待できません。一方的な話に終始し、話すほうにも聞くほうにも、ほとんど得るものはないでしょう。その点、同業者なら、話がどんどん盛り上がります。ライバル心も手伝って、情報の多さを競うようにしゃべるからです。

私も同じ業界の人の話は「情報の宝の山」と捉え、できるだけ食事の機会を持つようにしています。

▼敵を作らないコツ

二つ目のメリットは、仲良くしていると、互いの敵意が半減する点です。

いかにライバル関係にあるとはいえ、互いの顔や人となりを認め合っていれば、こちらがぐいぐいビジネスを伸張させていっても、憎まれることはありません。「負けずにがんばるぞ！」と発奮するでしょうが、「生意気な！　叩き潰してやる！」とは思わないのが人情というものです。

常にNo.1を目指す私には、**「敵を作りたくない。できれば、圧倒的な一番になって、競争相手もあきらめてしまうような『戦わずして勝つ』状態を作りたい」**という気持ちがあります。同業者と仲良くし、オープンに情報交換をしたり、共通の夢を語り合ったりするのは、互いが足を引っ張り合う虚しい争いをしないための予防策にもなるのです。

「断り上手」になって時間を管理する

▼人づきあいは自分でコントロール

社内外問わず、さまざまな人と交流するのは、生産的な時間の使い方と言えるでしょう。それがビジネス抜きの、学生時代の仲間との飲み会であっても、貴重な時間になります。

ビジネス中心の人づきあいをしている私も、たまに同級生との飲み会に繰り出し、飲んで騒いで歌って、大いにストレス発散をしています。彼らといると、仕事を忘れます。みんな、中学生・高校生だった時代の自分に返り、何の利害関係もない友人同士として、楽しいおしゃべりで盛り上がるのです。もちろん、話題が仕事におよぶことも多いのですが、彼らはそれこそ異業種の人たちばかり。刺激的な話も少なくありません。

そんな私ですから、とくに体力のある若いうちは、積極的に社内外のいろいろな人と会ってアフター5を楽しむことを推奨こそすれ、否定はしません。

ただし、自分が望まない誘いに乗るのはいただけません。

人づきあいというのは、自分でコントロールするのが基本。自分が「今日はこの人と会いたい」、「じっくり話したい」、「楽しく騒ぎたい」と思うのならけっこうですが、そうでなければ断ることも必要です。誘われた日に、自分には勉強するとか、本を読む、家族サービスをする、体力作りをする、仕事をするなど、ほかの予定がある場合、そちらを優先するのが本来ではありませんか？　また、「会っても時間のムダ遣いだ」と思うような会合に出かけて行くのは、あまりにも虚しいと思いませんか？

つまり、人と会って時間を過ごすか否かは、自分を主語にしてコントロールしなければ、単なる時間の浪費に終わるということです。

▼「時間」も「人」も味方につける

社員をよく観察していると、「今日、飲みに行こうよ」と誘われたときのリアクションは3つのタイプに分かれるのがわかります。

第一のタイプは、断れない人。どんな誘いにも気軽に「は～い」と乗ります。こういう人は周囲からは「いいヤツ」だと人気者ですが、他人の時間に巻き込まれて、自分の時間を自分のために使えないわけですから、人生の成功は覚束《おぼつか》ないでしょう。

第二のタイプは、にべもない断わり方をする人。自分の時間を守って人生を進んでいこうとする姿勢は立派ですが、周囲に「いけ好かないヤツだ」と思われてソンをします。冷たくされた相手に誰も手を貸そうとは思わないので、人生の支援者を得ることができないのです。

そして第三のタイプは、断り上手な人。自分の時間を自分で使いたいために断るのですが、誘われると行く気がなくても「誘ってくれてありがとう」という気持ちを表現するので、周囲もイヤなヤツだとは思いません。むしろ、「感じのいいヤツだな。またの機会に誘おう」くらいに受け止められます。

言うまでもなく目指すべきは、第三のタイプの人です。**こういう人は時間と人を味方につけながら、思い通りの人生をクリエイトし、成功を勝ち取ることができるでしょう。**

飲み会の誘いだけではなく、ビジネス上の依頼事項などもそう。相手をイヤな気分にさせずに断る能力を身につけなければ、自分の時間が他人に奪われるか、協力者をなくしてしまいます。

私は上場当時によく、社員全員に「ネットバブルを乗り越える成功の秘訣は、断り上手になることだ」と号令をかけていました。本当にたくさんの人がいろいろな商談を持ちかけて、それこそ有象無象の世界だったので、受けることよりも断ることに心を砕かざるをえないというのが実情だったのです。

おかげさまでいまでも、自分が会いたいと思う人の10倍くらいの人からアポイントの要請をいただいています。非常にありがたいことですが、そのすべてに対応していると、自分の時間をコントロールできないという由々しい事態に陥ります。

「断り上手になる」というのは実は、私自身の課題でもあるのです。

世の中には、「断られたのに、どうしてこんなに幸せな気分なの?」というくらい、上手に断れる人がいます。みなさんとともに私も、そういう人を目指したいと思っています。

「断り上手は成功上手」。しかと心得ましょう。

初対面の人に会うときは、しっかり「事前学習」を

▼情報武装すればいきなり本題から入れる

初対面の人に会うときは、誰しも緊張します。相手がどんな人なのかがよくわからない、というのがいちばんの要因でしょう。その人に関して何の情報もない場合は、「怖い人だったらイヤだな」、「無口な人だと困るな」、「やる気のない人なら訪問は空振りになるな」など、頭のなかが根拠のない想像でいっぱいになります。

気持ちはわかりますが、そんなことを考えるのは時間のムダです。会ってみなければわからないのですから。それよりも、できる限りの情報を集めて初対面に備えるほうがずっと、有意義な時間の使い方ができます。

私は常に、初対面の人と会うときは関連情報を徹底的に収集します。世に名前が出ている

人ならば、新聞・雑誌・ネットのインタビュー記事や著作はもちろん、所属している会社の事業内容、業界の関連情報など、簡単に情報を入手することができます。メディアに露出していない人でも、大雑把なプロフィールや仕事内容等を調べることは、そう難しいことではありません。

幸い、いまはインターネットという便利なツールがあります。キーワード一つで、相手が取り組んでいる仕事の周辺情報が検索できますし、メーリングリストを通して人から情報を得ることも可能。そういう手間を惜しまず、情報武装することが大切です。

こうして相手のことが多少でもわかっていれば、話す内容の深さが格段に違ってきます。何も知らないまま会うと、それこそプロフィールから聞かなくてはならず、どうしても表面的な話に終始します。が、**ある程度の知識を持っていると、いきなり本題から話を始めて、より深い情報が得られるのです。**

これは、相手の立場になって考えると、よくわかります。私自身、初対面のお客様や取材の対応をさせていただくとき、相手の方が私のことをよく勉強されているのといないのとでは、話す内容が全く違ってきます。

どちらも大切なお客様ですから丁寧に対応しますが、私の〝いろは〟をお話しする時間を省略できる分、より深いところまで言及できるわけです。そして、事前学習をしたら、次には前述したように頭でイメージすることです。目をつぶってその方とお会いするシーンをきちんとイメージできれば、むやみに緊張することもなく、きっとうまくいくでしょう。

▼周囲の評判は聞かなくていい

そもそも、相手に関する知識が真っ白の状態で人にお会いするのは失礼です。それは相手に対して興味を持っていないことの現われですから、相手も好感をもって接する気持ちになれないのではないでしょうか。

人は自分の話を興味津々で聞いてくれる相手に、好感を覚えます。その意味でも、相手のことを事前に、「どんな人だろう?」と好奇心をもって勉強し、その気持ちをお会いしたときにぶつけるのがいちばんなのです。

初対面の人と会うときに事前学習を怠っても、いいことは何もありません。話はスムーズに運ばないし、深い話は得られないし、ソンをするのは自分自身なのです。

ただし、周囲の評判には耳を傾けることはありません。とくに「気難しい人らしい」とか「食わせ物という評判だ」、「皮肉屋で有名みたいだ」など、**あまりよくない評判を鵜呑みにすると、先入観をもって会うことになり、相手に対して漠然と抱いている不信感や嫌悪感がそのまま伝わってしまいます。**

自分を良からぬ人物だと思い込んで会いに来た人に対して、相手は心を開けるでしょうか？　たちまちにして頑なになり、最初からぎくしゃくした話し合いになるだけです。

たとえ、良からぬ評判を耳にしても、会う必然性があって会う、言い換えれば自分が会いたいと思って会う人なのですから、その気持ちを大切にするのがスジです。「会いたい」、「この人の話を聞きたい」と強く思えば、その気持ちは会った瞬間の笑顔に現われます。相手はそこに自分に対する好意を感じ、自然と心を開いてくれるのです。

自慢するわけではありませんが、私はよく「初めて会ったときの笑顔がとても爽やかでした。笑顔の練習をしているのですか？」などと聞かれます。もしそうだとしたら、それは練習の成果ではなく（練習はしていません！）、その人に会いたい、会えて嬉しいという気持ちが自然と笑顔に表れたのだと思います。

何でも、笑顔が素晴らしいキャビンアテンダントの方々は、「第一印象をつくるのに2度目のチャンスはない」と肝に銘じ、お客様と初めて会う一瞬を非常に大切にしているそうです。笑顔の源にあるのは言うまでもなく、「お客様に会えて嬉しい。お役に立って喜んでいただきたい」という気持ち。それがお客様とのいい交流につながっていることは言うまでもありません。

初対面の人に会うときは、事前学習と「会いたい」気持ち、それにイメージすることをお忘れなく！　妙な緊張感に縛られて、会見が失敗に終わることがなくなります。

最大限の時間を夢・目標の実現にあてる

▼「睡眠」と「遊び」は必要時間

「時間がない」と嘆くビジネスマンはたくさんいます。私も夢・目標に向ってやるべきことが常にたくさんあるので、いくら時間があっても足りないくらいです。

しかし、「時間がない」と嘆いたところで、決して時間が増えることはありません。1日は24時間だし、1年は365日または366日と決まっています。

それならば、ムダな時間を極力なくして、自分のしたいことに費やせる時間を増やす工夫をするしかありません。

「時間がない」と嘆いている時間がもったいないと考え、何か別のもっと生産的な行動に時間を振り分けることのほうがずっと大切です。私は、

「最大限の時間を夢・目標を実現するために使う」

ことをモットーとしています。

そのために、時間のムダを徹底的に省くよう心がけています。

「1日1分の節約が、年間約6時間以上もの時間を生み出す」

という観点から、何も生み出さない時間を最小限にする工夫を惜しまないのが信条です。

ここで私が言う時間の節約とは、「睡眠時間を削る」とか「遊ぶ時間をなくす」というようなことではありません。

睡眠は「病気知らずの健康な人生と、88歳までバリバリ現役で働ける体力を維持する」夢を持つ私にとって、決してムダな時間ではありません。1日6時間以上の睡眠を目標にしていますし、不足しているときは移動時間等に仮眠をとって補います。だから「睡眠時間を2時間削って、夢・目標に向う行動に当てる」ということはありえません。

遊びの時間もまた、「自分が会いたい多くの人と交流し、いい人脈を築く」という目標や、「家族が笑顔でいられるよう、休日の夕食後の時間や余暇を楽しく過ごす」、「ストレスをコントロールして、心を常にいい状態に保つ」等の夢のために必要な時間です。

何の夢・目標とも結びつかない遊びの時間はムダですが、そうでなければ削ることはありません。

▼カットすべき5つの時間

時間をつくる工夫は大きく分けて5つあります。

①探し物をする時間

あれがない、これがないと物を探したり、いい資料がないかと検索をしたりする時間は意外と多いもの。この部分を大幅にスピードアップすれば、かなりの時間を稼ぎ出せます。あるデータによると、平均的なビジネスマンが探し物をしている時間は年間150時間にも上るとか。ほぼ1カ月分もの時間が物探しではなく仕事に使えれば、生産性はぐんとアップするでしょう。

そのための工夫は、整理整頓の一語に尽きます。物をあるべき場所にきちんとしまう、必要な情報がすぐに取り出せるように資料を整理するなど、仕事だけではなく日常生活でも探し物をせずにすむように身の回りのありとあらゆる物を整理することをオススメします。

私は探し物に時間をとられるのが大嫌いなので、どこもかしこもきちんと整理しています。パソコンのなかも例外ではありません。「あの文書、どこに保存したっけ？」なんてことはありえないと自信をもって言えるほどです。

②何も考えずにボーっとしている時間

たとえば、電車や車、飛行機等で移動しているとき、または誰かを待っているとき、お風呂に入っているとき、トイレでしゃがんでいるときなどです。こういうときは、頭は暇です。

そこで私が考えたのは、「ながら行動」を取り入れることです。

移動中は本を読んだり、仕事の資料に目を通したり、実にいろいろなことができます。私などは「移動中は仕事の時間」と決め、車を書斎化しているほどです。本や資料を読むのはもちろん、ＰＣと携帯電話を駆使してメールの処理や情報検索、幹部との電話会議等、移動中も組み込んだ仕事のスケジュールを立てています。

また、待ち時間ほどムダなものはありません。時間というのは自分がコントロールするものなのに、他人や周囲に大切な時間を削り取られてしまうことでもあります。

ただ待っているだけの時間を過ごさずに、常に待ち時間が生じた場合に備えて、手帳に隙間時間にやるべきことのリストをスケジューリングしておくといいでしょう。手持ち無沙汰にならずにすみます。

このほか、食事や入浴、トイレ等の時間も、頭は暇です。少々、お行儀が悪いかもしれませんが、手帳を見返したり、本や雑誌を読んだり、メールをチェックしたりするのに最適な時間が手に入ります。

健康のためにジムでトレーニングをしながら、あるいはウォーキングをしながら、英会話のテープを聞く、というようなこともアリです。

③過去を悔やみ、将来を憂えて、くよくよと過ごす時間

前にも述べた通り、気持ちが後ろ向きになっている時間は、非常に非生産的です。一つのことを悩み考えることは大切ですが、その場合は前向きな気持ちで、夢・目標に近づくためにどうするかを考える時間にしなければ意味はありません。

後ろ向きの気持ちを前向きにするだけで、悩む時間も有意義なものになるでしょう。

④集中力散漫状態で過ごす時間

集中力が切れると、ふつうは10分で終わる仕事に1時間もかかってしまうこともしばしば。時間をムダ遣いしないためには、集中力をコントロールすることもポイントになります。

そんなことはできないと思いますか？　それができるのです。私が工夫しているのは、同じような仕事はできるだけ一度にまとめて行うことです。

たとえば、電話をかけること一つをとってもそう。1件ずつ、バラバラの時間帯に電話をするより、まとめて4～5件の電話を連続でかけると時間が短縮できます。

おそらく、脳が「しゃべる」モードにスイッチされるのでしょう。1本目より2本目、2本目より3本目と、言葉がどんどんスムーズに出てくるようになります。

こんなふうに、脳のモードを考えて仕事のスケジューリングをすると、集中力を加速度的に高めることが可能です。書く仕事、考える仕事、読む仕事など、脳のどのモードを使うかで仕事をカテゴライズするのがコツです。

その意味で、いろいろな仕事に中途半端に手をつけるのは最悪です。集中力の波に乗り切れずに、どの仕事にも必要以上の時間をかけることになりかねません。

また、集中力が妨げられないような環境を整えることも大切です。

とくに集中して何かを考えるような場合、途中で電話がかかってきたり、誰かが話しかけてきたり、来訪者があったりすると、たちまち仕事のテンションが下がります。このいったん下がったテンションを再び上げていくには、とても時間がかかります。

会社では、誰にも邪魔されない一人の空間を得るのは難しいとは思いますが、不可能ではありません。周囲に、「いまから1時間半、集中タイムに入る」ことを宣言するなり、空いている会議室に閉じこもるなり、会社からどこか静かな空間（図書館や漫画喫茶などはどうでしょう？）へ逃げ出すなり、工夫の余地はいくらでもあります。

私のオフィスもパーティションなどのないオープンな空間ですが、集中力勝負の思考する仕事に入るときは、〝雑音をシャットアウトしたいオーラ〟を出して、誰にも何にも邪魔されない時間を確保しています。

⑤長い前置きの時間

私は社外の人や目上の人は別にして、「拝啓と前略を省略する」コミュニケーションスタイルを徹底して、時間の節約をしています。

たとえば、社員に対しては、話は本題から入るのが基本です。「いい天気だねぇ」とか「元気にやってる?」、「近ごろ、どお? 忙しい?」といったお決まりの挨拶は抜きで、いきなり「今日の成績教えてくれる?」と実績を尋ねる、という具合です。

私からの電話には「はい、代表」と出るように、秘書にも徹底しています。一日に何度も会社に電話するときには、社名をいちいち聞かされる時間がもったいないからです。わざわざ教えてくれなくても、こちらはどこにかけているかは百も承知です。

雑談は不要とまでは言いません。とりとめのない話から、何かのアイデアがわくこともあるし、社員同士の親密度を深めるうえでは雑談もムダではないでしょう。

けれども、顔を合わせるたびに雑談をする必要はありません。単なる社交辞令でする雑談は、時間のムダ遣いでしかないと、私は思います。「結論ファースト」で、前置きは省く。これなら合理的な時間の遣い方ができるのです。

以上5つがざっと、日常生活でムダにしてしまいがちな時間の数々。工夫しだいで、時間効率を高められることがおわかりいただけたと思います。

夢・目標のすべてを達成するためには、たくさんの時間が必要です。だからこそ、ムダを省いて生産的な時間を増やしましょう。

あと一つは、長生きして〝持ち時間〟を増やすことです。時間の節約がムリをして命を縮めるようなことになっては本末転倒です。休息や運動、レジャー等、健康を維持するための時間はきちんととってください。仕事をしている時間だけが有意義な時間ではなく、人生を成功させるために使う時間はすべて貴重なのです。

【自分への質問】

……できるだけ具体的に書いてみましょう。

●異業種交流会に参加ばかりしていませんか？

YES　　　　　NO

●モチベーションを高めるために誰と会いたいですか？

●「ビジネス仲人」とは巡り会いましたか？

YES　　　　　NO

●「ビジネス仲人」に信頼されるだけの力を蓄えていますか？

YES　　　　　NO

●同業種に友人は何人いますか？

【自分への質問】

……できるだけ具体的に書いてみましょう。

●周囲の「断り上手な人」はどんなふうに断っていますか？

●初めて人に会うときに、事前に下調べをしていますか？

YES　　NO

●探し物をしている時間はありませんか？

YES　　NO

●一日に一回は集中タイムを設けていますか？

YES　　NO

●カットすべきムダな時間はどれくらいありましたか？

必ず夢をつかむために——

人生を変える7つの心構え

運をつかむために

▼自分の本能を信じる

先日、横浜で講演をしたとき、「どのようにして運をつかんだのですか？」という質問が飛び出しました。その点はあまり深く考えたことがなかったので、少々面食らいましたが、ふと口をついて出てきたのは、

「もちろん、夢・目標に向ってロジカルに人生のプランを作り、それをトレースするように行動したことが、運をつかむことができた最大の原因ですが、もう一つ大事なのは、**本能的にイヤだと思うものには手を出さないことだと思います**」

という言葉でした。

仕事をしていると、「何となくイヤだな」とカンが働くようなときがあります。それはお

そらく、経験からくるカンなのでしょう。無意識のうちに、「この話には裏がありそうだ」とか「この人は危険だ」というカンが働くのだと思います。

そういうカンがよぎったら、その仕事には手を出さない、その人とは接触しないと決めて、避けたほうが無難ではないでしょうか。

よく「悪い予感ほど当たる」と言われるように、「何かよくないことが起きそうだ」というカン――危険を知らせるシグナルは、意外とたしかなものです。そのカンを封じ込めて、「いや、大丈夫だ」と、根拠のない確信を深めてムリして前進するのは危険です。運の神様も逃げてしまうでしょう。

▼なぜ「イヤ」なのか考える

ただし、「何となくイヤだな」と思う裏に、臆病心や怠け心、現実から逃げたい気持ちなど、自分自身のマイナス感情が潜んでいる場合は別。自らに「なぜ、イヤだと思うのか」を問いかけ、マイナス感情を引き起こす原因を究明したうえで、気持ちを変えれば乗り越えられる「イヤ」なのかどうかを見極める必要があります。

誰だって、難しそうな仕事を前にすると「失敗したくない」ために臆病風が吹き、「やりたくない」と思います。

何となく苦手だなと感じる人に会うとなると、「イヤな思いをしそうだ」と心が閉鎖的になります。参加したい会合があっても知り合いが誰もいないと、「一人は心細いな」と行きたくない気持ちが湧き上がってきます。

忙しい日々が続くと、チャンスを得られるかもしれない仕事が目の前にあっても、「いまより忙しくなるのはイヤだな」と見送りたい気持ちに駆られます。

そういう「イヤだな」は、本能的に感じる「イヤだな」とは全く異質のもの。

行動を起こす目的は何にあるのかということをよく考えて、それが自分にとってメリットがあることなら、迷わずに前進しましょう。

「イヤだな」を「やりたい」に変えるのもまた、運をつかむために必要な心構えなのです。

判断が難しいところですが、原因がわかって「イヤだな」という気持ちが消えるならGO！　原因はよくわからないけど、どうしても「イヤだな」が消えないなら、STOP！

それが運をつかむコツの一つでもあります。

視野を広げるために

▼一時的なトップでは意味がない

ビジネスには、中長期的な視点が必要です。

目先の「勝ち」にこだわって突っ走ったために、志半ばでビジネスマン生命が致命的なダメージを受ける例はいくらでもあります。

たとえば、営業マンがトップセールスを目指すとします。結果を出すのが早いにこしたことはありませんが、急激に成績を伸ばそうとすると、「手段を選ばない」的な無茶をしがち。口八丁で強引に売りつけたり、原価割れになるまで値引きをしたり、法律破りの良からぬ策を弄したり。そんなふうでは、たとえ一時的に成績が上がっても、持続させることはできません。

それよりも、3年後とか5年後にトップセールスを達成するゴールを設けて、顧客との間に信頼関係を築きながら、着実に成績を上げていくほうが、結果的にうまくいきます。一時的なトップではなく、揺るぎない一番の座を勝ち取ることができるのです。

前述した通り、私自身の経営者生命を賭けた勝負は、55年先をにらんでいます。現段階ですでに、会社のゴールから逆算した「55年計画」が出来上がっており、数値的な目標をその線に沿って設定しています。

ただし将来、M&Aや新規事業への参入、投資等のチャンスがどういう形で訪れるのかは、予測できません。そういうチャンスが訪れたときの意思決定は「55年計画」をもとに、「10年先を読んで」行うようにしています。

私だけではなく、経営者というのは、「ロングスパンで勝負する」感覚で経営をしています。目先の利益を抜かりなく確保するだけではなく、3年・5年・10年・20年後に「勝つ」ことを視野に入れて、事業や人材の育成、設備投資など、さまざまな仕事に取り組んでいます。

この視点がないと、会社を継続して成長させていくことができないからです。

▼歴史観を持つ

ビジネスマン個人としても同様の視点を持つことは重要です。**場当たり的な勝負をせず、ロングスパンで「勝利の日」を決め、一番・一流への道を歩むのが王道でしょう。**

そういう勝負をするためには、歴史観を持つことがポイントです。私が言う歴史観とは、「時代はどんなふうに流れてきたか、古今東西の名将たちはどんな戦略をもって勝負に勝ってきたか、戦いに敗れた武将はなぜ負けたのか、世界経済はどのように推移してきたのか」といった史実に照らし合わせて現代から未来を予測することを指します。

この世はまさに、栄枯盛衰。戦いに勝った者の栄華は、驕り高ぶることにより必ず、崩壊していきます。平和な時代が長く続くと、決まって戦乱の世が訪れます。

勝者も敗者も延々と、同じ成功と過ちを繰り返してきたのが歴史です。その歴史を学ぶと、勝ち続けるためにはどう行動すればよいかが見えてくるのです。

私も20代のころから今日に至るまで、本当によく歴史書や戦略・戦術に関する本を読んできました。戦国時代の武将を描いた数々の小説から、孫子の『兵法』やマキャベリの『君主論』、『戦術論』、新しくはマイケル・E・ポーターの『競争戦略論』まで、勝ち方を学べる本は大好きです。いまの勝負に生かせる情報が満載だからです。

身近な例で言うと、いまNHK大河ドラマで放映している「義経」からも、学べることはたくさんあります。テレビを楽しむことに加えて、この時代の歴史小説をいろいろ読みあさってみると、「驕る平家は久しからず」の言葉が平家のどんな失敗を指すものなのかが手に取るようにわかります。

▼戦国武将に新しい思考法を学ぶ

一度成功をおさめた強い武士も、贅沢の味を覚えて貴族化してしまうと、弱者の集団に成り果てるということは、歴史が証明しています。この話は、トップの座を得た者の慢心を戒める役に立つでしょう。

また、義経は戦略上手で知られる武将です。「鵯越《ひよどりごえ》の坂落とし」で有名な一の谷の戦いでは、急峻《きゅうしゅん》な崖を馬で駆け下りるという奇襲によって、勝利をモノにしました。その後、壇ノ浦の戦いでは、平家の舟を漕ぐ水夫《かこ》や舵取《かんど》りを狙って矢を放ち舟の動きを封じるという、いわば〝禁じ手〟を使って勝利を収めました。

戦法の是非はともかく、これまで誰も思いつかなかった常識破りの戦術を使ったことで「勝ち」を我が物にしたわけです。

これは、従来の慣習や常識に囚われずに発想することが企業にとっていかに大切かということを再認識させてくれます。

と同時に、戦では華々しい成果をあげた義経が、肉親の情愛を求めては裏切られ、最後は冷酷な兄源頼朝に討たれてしまう悲劇もまた、考えさせられる点が多々あります。義経の政治下手なところが、いい人間関係を構築するうえで、多くの教訓を与えてくれます。

このように、義経という武将一人とっても、時代のなかでの生き様を知ると、今日のビジネスに生かせる「教え」は多いもの。世界の名将・愚将、あるいは時代を創った企業戦士の物語をぜひ、読書のテーマの一つとしてください。

歴史を持って行動する能力を身につけることもまた、人生を変える大切な心構えです。

欲しいポジションを手に入れるために

▼昇格のチャンスは自分にある

マネジメント寄りの話になりますが、私どもGMOインターネットグループでは、能力のある社員が昇給・昇格を自力で勝ち取ることができるような制度を敷いています。

最も特徴的なのは、立候補と敗者復活の2本立てで昇格のチャンスを提供している点です。新しいポジションを創設する際にまず、立候補者を募るのです。

先般も韓国にある子会社の副社長を募集したところ、やる気満々の4人が立候補してくれました。

企業はまだ一般的には、トップをはじめとする役職者が社員の適性を見てポジションを与える方式が主流だと思いますが、新しい産業の担い手である私たちは社員の挑戦欲を重視しているのです。

もちろん、やる気があっても結果が出せなければ、信賞必罰《しんしょうひつばつ》で降格しますが、敗者復活のチャンスまでは奪いません。本人の能力しだいでちゃんと復活できる仕組みをも用意しています。

また、昇給については目標管理制度を徹底し、３６０度評価による周囲からの支持率と合わせて行っています。自分で決めた目標を達成し、しかも上司・部下・同僚・取引先等の周囲の人たちから一定の評価を得ている人がステップアップできるのです。

ここら辺をクリアにしておくと、誰もが認める昇給・昇格を実現できます。「大して仕事もできないのに、なぜあいつが出世するんだ」とか、「周りがどんなに評価してくれても、上司に気に入られなければ一巻の終わりだ」といった不満やあきらめの芽を摘むことができます。

公正な制度の下、全員にチャンスがあると明確な分、社員は燃えるし、結果としての昇給・昇格に納得します。

▼やりたい仕事には、臆せずアピールする

このような制度を敷いたのは、社員の一人ひとりに、

「欲しいポジションがあれば、自分から取りにいく」

「昇給・昇格を望むなら、目標をクリアして周囲の支持を得る」

という気概をもって仕事に臨んで欲しいからです。この気持ちはそのまま、若いみなさんに対する私の気持ちでもあります。


みなさんの会社には立候補制度がないかもしれませんが、アピールすることは可能です。


何か挑戦したい仕事があったら、臆さずに、

「やってみたい。私にチャンスをください」

と上司や周囲に言い続けるのです。


すぐにはムリでも、言い続けていると少なくとも、やる気は認めてもらえます。何かあったとき、「よし、あいつにやらせてみようか」となる可能性が膨らむでしょう。

それに、「企業内起業」や「ＦＡ制度」など、最近は企業も社員のやる気を吸い上げる工

夫をするようになっています。そういう仕組みを利用しない手はありません。挑戦する意思があるなら、どんどん立候補しましょう。

どんな昇給・昇格制度の企業に勤めていても、「欲しいポジションは自分から取りにいく」前向きな気持ちでいて欲しいと思います。

と同時に、「目標をクリアして、かつ周囲の支持も得る」のは夢をつかむための基本です。

そもそも、自分の目標もクリアできずに、一番・一流になれるわけはないのですから。

自らの可能性を開くのは自分自身だと心得ましょう。

トラブルを利用して自分を高めるために

▼解決できない問題は起こらない

〈原則2〉で少し触れましたが、自分に起きる問題はすべて、自分の行動と思考の結果です。

にもかかわらず、その自覚がないのでしょう、人は都合の悪い問題が起こるととかく社会や他人のせいにしたがります。

「こうなったのは、自分のせいではない。時代が悪いからだ。上司が無能だからだ。同僚が協力しないからだ。部下が未熟だからだ。顧客の理解が足りないからだ。自分がどうこうしたところで、手には負えるものではない」

などと考えるのです。

しかし、それは違います。そんなふうに考えること自体が、自分の人生を自分でコントロールできていない裏返しと見ることもできます。責任逃れをして一時的に安心したいのでしょうが、それでは自分の人生を見失ってしまいます。

成功に向うスタート地点でまず、

「何が起ころうと、責任の所在は自分にある。なぜなら、私の人生は他人や社会に左右されるものではなく、自分の意思で判断・行動した結果だからだ。自分に起こる問題は自分で解決する」

と腹を括ることが大切でしょう。

極端な話、電車が事故で遅れたために大事な会議に遅刻したとしても、それは間に合う電車に乗らなかった自分の責任です。電車のせいにしても問題は解決しないのですから、ぶつぶつ文句を言う前に善後策を考え、遅刻による損失を最小限に食い止めるよう行動するのが本来なのです。

そもそも、自分に解決できないような問題は起こりません。私は常々、社員に、

「僕らには10兆円クラスの問題は起こらない。どんな問題が起きても、解決には少しの努力が必要なだけ。自分の対応一つで、解決できる。僕らには自分に起こる問題を解決する責任

と、解決できる能力がある」

と言っています。この「少しの努力」をするかしないか、そこが人の能力の大きな差として出てくるのです。

▼責任を自覚すると成長できる

20代のうちに、自分に起こる問題は自分の責任と捉える習慣をつけましょう。そうすれば、自分自身をも成長させることができます。

たとえば、上司の指示が曖昧であったために、満足な結果が出せなかったとします。そんな場合も、「上司が悪い」と考えると何も得るものがありません。

でも、「曖昧な点を問い正さずに仕事に取り組んだ自分が悪い」と考えると、次は「上司の指示と自分の受け止め方の間に誤解がないよう、上司の意図をしっかりと確認しよう」という行動に結びつけることができます。

また、思うように営業成績が伸びないとき、「世の中が不景気だからだ。しょうがない」と考えると、それ以上に成績を伸ばすのは不可能です。

そう思いたいところをガマンして、「たしかに不景気だが、売り上げを伸ばしている企業、人は現実に存在する。自分の営業方法を見直そう」と考えるのです。そこに工夫が生まれるし、自身のスキルを伸ばしていくきっかけにもなるでしょう。

自分自身を成長させ、人生を成功へと導いていくためには、こういう思考をすることが重要です。他罰主義は何も生まないけれど、自分の責任と捉えると実に多くのメリットを享受できます。**結果的に、自分で責任をかぶるほうが、いい人生を歩めるのです。**

ただし、自分の責任を自覚することと、自己嫌悪に陥ることは違います。「すべては自分の責任だ。僕はダメ人間だ」という方向で思考すると、結果は他罰主義の人と同じ。何をやってもうまくいかない人生を歩むことになります。

自分に起こる問題のすべてを自分の責任としながらも、

「だからこそ、自力で解決できる。この問題をクリアした先には、喜びが待っている」

という前向きな気持ちで、事に当たるようにしましょう。

「災いを転じて福となす」ことができるかどうかはすべて、自分の思考にかかっているのです。

自分を客観視するために

▼前向きに自分を分析できる「ブログ」

思い通りの人生を生きるためには、自分の日々の行動をチェックし、改善点を考えたり、新たな夢・目標に向う行動のきっかけを再認識したりする時間を持つことが重要です。

私はおもに手帳を媒体に、自らの思考・行動をチェックしていますが、新しいツールとして「ブログ」を加えました。「ブログ」とはウェブサイトの形態の一つで、誰にでも簡単にホームページをつくることができるツールです。個人では日記として利用されるケースが多く、2004年の爆発的ヒットサービスとなりました。

みなさんも日記をつけたことがあると思いますが、長続きしなかったのではありませんか？　あるいは、秘密を赤裸々に綴った日記を誰かに見られた、なんて苦い経験があるかもしれません。従来の日記は、「人に見せない」ことを前提に書くものでした。そのために、心に鬱屈するイヤな出来事をすべて吐き出してしまえとばかりに、ついつい筆が滑って、人の悪口や恨み、つらみ、悩みなどを延々と書き連ねることも多いようです。

それに、「読むのは自分だけ」というのは気楽な反面、書いたかいがない側面もあります。しかし、ブログは最初から不特定多数の人に公開することが前提です。となると、読み手を楽しませる配慮もせざるをえません。誰かを中傷するような文章もご法度です。自分を含め読者がみんな、明るい気持ちになれるような、書くこと・読むことによるメリットが得られるような内容にしたいと、誰しも思うはずです。

ブログのよさはまさに、そこにあります。**自分の行動を振り返りつつ、いいところは大いに自慢し、悪い点は事態を好転させる方向で書こうという、前向きな意思をもって「今日の自分」を分析できるのです。**

▼チャンスが舞い込む可能性も大！

また、ブログを読んだ人から、思わぬチャンスが舞い込む可能性も大。自分をアピールすることによって、その才能の芽を見出してくれる人が現われないとも限らないのです。

しかも、どこかの企業とタイアップして、自分のブログに広告を貼ったり、お気に入りの商品として紹介したりすることで、営業支援のキックバックがもらえるアフィリエイトという仕組みを使うと、ちょっとしたお小遣い稼ぎができます。

さらに、ブログを書き続けていると、過去の記事はすべてバックナンバーとして保存されるので、自分史となります。と同時に、ウェブは将来的に国会図書館に保存される予定。自分が生きた軌跡を後世の人に残すことも可能です。

みなさんもぜひ、自分の日々の思考・行動をチェックし、明るい未来を描き出すツールとして、ブログの利用を検討されてはいかがでしょうか。

ちなみに、我がGMOインターネットでも「JUGEM（じゅげむ http://jugem.jp/）」、「ヤプログ！（http://www.yaplog.jp/）」、「AutoPage（オートページ http://autopage.teacup.com/）」という3つのブログを持っています。もちろん、利用は無料です。

相手と信頼関係を築くために

▼礼儀正しさに勝る攻撃力はない

私は幼いころ、祖母から礼儀作法を叩き込まれました。剣道師範の家に生まれた祖母は、非常に礼儀に厳しい人。無作法なふるまいをしてはきつく叱られていたものです。

そんな私ですから、礼儀正しさが大切であることは重々、承知していました。しかし、20年近く前に、キングスレイウォードという人が書いた『ビジネスマンの父より息子への30通の手紙』を読んだとき、ある言葉に大きな衝撃を受けました。それは、

「礼儀正しさに優る攻撃力はない」

というものです。

礼儀正しさを「攻撃力」という視点で見たところに最初は驚き、やがて「なるほど、名言

だ」と納得したことを覚えています。

たしかに、社会に出てからというもの、礼儀作法の必要性と重要性を実感させられることが多々ありました。礼儀をおろそかにしたばかりに、事業に失敗していく人をどれだけ見たことか……。礼儀正しく行動することはビジネスの基本中の基本であり、ここをないがしろにすると、実力が発揮できないどころか、ビジネスから見放されてしまう、それほどに大事なものです。

▼心得ておくべき3つのキーワード

礼儀正しさというのは、相手を尊重する気持ちの現われです。会う人すべてに、何よりも礼儀を重んじ、相手の気持ちに配慮して不快な気持ちにさせないように行動することが、互いの信頼関係に繋がり、ひいてはビジネスを成功に導くのです。

最近お会いする20代の人のなかには、相手の顔もろくすっぽ見ずに頭を下げるだけの挨拶をしたり、ふくれっ面でお客様に対応したり、名刺をひょいと片手で渡したり、目上の人がたくさんいるというのに堂々と上座に座ったり、「ありがとうございます」の一言が言えなかったり……相手の気持ちなど何も考えずに行動しているとしか思えない人も少なからずいるようです。

仕事術を身につける前にまず、礼儀作法を覚えることが、若い人の重要課題と言えるでしょう。そのための一つの方法として、私が若い社員に日ごろから言っているのは、

「礼儀はカタチから入り、心へ通じる」

ということです。最初に型を覚えると、自然と相手を尊重する気持ちになれると思うからです。キーワードは3つ。

「大きな声で挨拶しよう。元気が出てくる」

「笑顔を作ろう。心が楽しくなる」

「人に礼儀を尽くそう。尊敬の念がわいてくる」

みなさんもこの3つをモットーに、礼儀作法の型を覚えましょう。挨拶と笑顔と礼儀というカタチが、いい心を作ります。

好感を持たれる人になるために

▼親に感謝できれば謙虚になれる

礼儀と並んで重要なビジネスの基本は、感謝の気持ちを持つことです。

ところが、これが簡単そうで難しく、なかなか実践することができないものでもあります。

私も20代のころは、悩み苦しみもがく日常にあって、とても感謝の気持ちなど持つことができませんでした。

そんな私に、感謝の気持ちの何たるかを教えてくれたのは、関ケ原にある悟空寺というお寺の僧侶、手塚純真先生です。先生は、父がつけてくれた「人生の家庭教師」。当時、月に1〜2回、会社に見えては、私にいろいろな話をしてくださいました。そのとき決まって、問われたのは、

「人に対して、本当に感謝できるか？　しているか？」

ということです。

正直、私は誰に対しても感謝の気持ちは持っていませんでした。答えあぐねる私に、手塚先生はこう諭したのです。

「命に感謝しなさい。君がこの世に生まれてきたのは、ご両親のおかげだよ。君はいま、自分の運を呪っているようだけれど、それも命あってこそのこと。自分という存在を与えてくれた親に感謝しなくてはいけないよ。親に感謝できれば、謙虚な気持ちになれる。世の中には尊敬できない、感謝できない親もたくさんいるけれど、命を授かったところまで遡れば、感謝できるはずだよ」と。

この一言で、私はハッとしました。

「全人」という目標を掲げ、心のあり方を変えなければいけないと考えている自分自身が、まず努力すべきは感謝の気持ちを持つことだと気づいたのです。

▼感謝は自分の心に平安をもたらす

感謝の気持ちというのは礼儀と同じで、カタチから入ると身につきます。何が起きても妄信的に感謝する努力を重ねれば、だんだんに身につくものです。つまり、どんな場合も自然と感謝の気持ちが湧き上がってくるようになるには「努力」が必要だということです。

なぜ、努力してまで感謝の気持ちを持たなければならないかというと、それは**人に感謝をすることによって心が平穏に保たれるからです。**

たとえば、上司から自分の力ではどうしようもできないような理不尽な理由で叱られたとします。誰だって、いい気持ちはしません。その場で怒りを爆発させる人もいれば、悔しさをかみしめる人、恨みを抱く人、復讐を誓う人……反応はさまざまでしょう。感謝する気持ちなど湧いてこないのが、心の自然な流れです。マイナスの感情を抱いたとたんに、感謝の気持ちが真っ先に消えていくのがふつうです。

でもそこで、努めて感謝するのです。「理由は何であれ、叱ってくれるということは、私に期待する気持ちの裏返し。ありがとうございます」と。

すると、たちまち心は落ち着いてきます。そこから、冷静に「本当に理不尽だろうか」と考える余裕が生まれ、「上司に言われたときは不可能だと思ったけれど、可能にする工夫ができるはずだ」という前向きな思考に切り替えることもできるのです。

こんなふうに、何があっても努めて感謝していると、周囲も変わります。自分の良からぬ言動を、心を乱さずに受け入れてくれる相手を前に、「悪いことをした」と反省する気持ちになり、その後の関係は改善されていくはずです。

もちろん、人間は感情で動く生き物ですから、すぐには感謝する気持ちになれないこともあるでしょう。怒りや苦しみ、悲しみなどをストレートに表現することも大切です。けれども最後には、「ありがとう」で締めくくる努力をしましょう。

そうすれば、多くの人といい人間関係を築き、たくさんの刺激と協力を得て、ビジネスを成長させることができます。私が今日あるのも、何事にも感謝する気持ちを持ったおかげだと思っています。

感謝の気持ちは心のあり方を変えます。出会うすべての人とともに、いい人生を生きる力になります。感謝の気持ちを持つことは、確固たる成功の礎《いしずえ》となるのです。

【自分への質問】

……できるだけ具体的に書いてみましょう。

●自分の本能を信じることはできますか？

YES　　　　NO

●10年先を考えて何ができますか？

●どんな歴史書を読んでいますか？

●やりたい仕事に自分からアピールできていますか？

YES　　　　NO

●何かあったときに、人のせいにしていませんか？

YES　　　　NO

【自分への質問】

……できるだけ具体的に書いてみましょう。

●自己嫌悪せずに、自分の責任を自覚できていますか？

YES　　　　NO

●自分の行動を毎日分析できていますか？

YES　　　　NO

●自分に足りないのはどんなマナーですか？

●親に感謝を伝えていますか？

YES　　　　NO

●会話の最後を「ありがとう」で締めていますか？

YES　　　　NO

おわりに——この本を読んでくださったみなさまへ

20代は迷いの多い時期です。

たくさんの可能性があるように思えるからこそ迷う、苦しい時期です。

私自身も、とても迷いの多い20代を過ごしました。

でも、手帳にやりたいことを書き出し、ピラミッドや未来年表を通して、夢を設計してからは、人生が一変しました。

夢をかなえるために毎日を過ごしているのだと思うと、一日一日が充実して、自分が前向きになり、毎日が幸せになったのです。

そのノウハウや考え方を、少しでも、いまが苦しい人にお伝えしたくて、この本を書きました。

いま、自分の「やりたいこと」すらわからないという20代の人が増えていると聞きますが、無目的に生きるということは、思っている以上に自分を「消費する」ことです。

それに、いつまでも迷っていては、あなたの大切な人生の時間を無駄遣いしてしまいます。

限られた人生の時間を、少しでも多く幸せをつかむために遣えるよう、この本で、あなたの夢を設計するお手伝いができたなら、こんなに嬉しいことはありません。

そしてもう一人。私事で恐縮ですが、もうすぐ20歳を迎える私の娘にも、幸せな人生を歩むための道しるべにしてほしいという思いをこめましたことをお許しください。

最後に、この本を出版するにあたってご尽力いただきました皆様に、厚くお礼を申し上げます。

二〇〇五年　三月

GMOインターネット株式会社

熊谷正寿

著者紹介

熊谷　正寿（くまがい・まさとし）

1963年長野県生まれ。東証一部上場企業グループのGMOインターネットグループを率いる。「すべての人にインターネット」を合言葉に日本を代表する総合インターネットグループを目指し、WEBインフラ・EC事業、インターネットメディア事業、インターネット証券事業、ソーシャル・スマートフォン関連事業を展開。グループは上場6社やGMOクリック証券などを含む68社、スタッフは約3,300名。(2013年6月末現在)

1991年、株式会社ボイスメディア（現・ＧＭＯインターネット株式会社）設立、代表取締役就任。1999年に「独立系インターネットベンチャー」として国内初の株式スピード店頭上場。同年に連結子会社「株式会社まぐクリック」設立、代表取締役就任。翌年には同社を、創業364日という当時日本市場最短上場記録でナスダックジャパン（現・ジャスダック）にスピード上場。その他、同グループではGMOペイメントゲートウェイ（東証一部）、GMOクラウド（東証マザーズ）、paperboy&co.（ジャスダック）、FXプライム byGMO（ジャスダック）が上場している。

2000年、日経ベンチャー「99年ベンチャーオブザイヤー」（新規公開部門２位）受賞。2003年、米国以外にある企業で年商10億ドル以下の上場または店頭公開している成長企業19,000社を対象に米フォーブス誌が200社を選んだ「Best Under a Billion, Forbes Global's 200 Best Small Companies for 2003」に、2005年、米国ニューズウィーク社「Super CEOs(世界の革新的な経営者10人)」に選ばれる。

著書に、『一冊の手帳で夢は必ずかなう』、監修に『図解　一冊の手帳で夢は必ずかなう』（かんき出版）がある。

【ＧＭＯインターネット株式会社】　http://www.gmo.jp
【クマガイコム】　http://www.kumagai.com

＊2005年6月1日より社名を「ＧＭＯインターネット株式会社」に変更しました。
＊本書に紹介しました「夢・人生ピラミッド」及び「未来年表」等のフォーマットは、「夢手帳☆熊谷式（クマガイスタイル）」（実用新案登録第3108930号、同第3110343号、同第3109253号）の一部分です。

20代で始める「夢設計図」
必ず“スピード成功”する5つの原則

2005年5月10日　第1刷発行
2018年4月25日　第9刷発行

著　者　熊谷正寿
発行者　佐藤　靖
発行所　大和《だいわ》書房
東京都文京区関口1-33-4
電話　03-3203-4511
http://www.daiwashobo.co.jp
印刷所　三松堂印刷
製本所　小泉製本

©2005 Masatoshi Kumagai Printed in Japan
ISBN978-4-479-79116-4
乱丁・落丁本はお取り替えいたします。

大和書房の好評既刊

君も社長になろう。

吉田雅紀　著

10年なんて待ってられない！　起業を支援する「ドリームゲート」を立ち上げた著者が若者たちへ送る熱いメッセージ!!　1470円

ユダヤ人大富豪の教え

本田　健　著

「お金の話なのに泣けた」と、共感の声続々!!　アメリカの大富豪と日本人青年の出会いと成長の物語。幸せな金持ちへの原点を語る話題の書。　1470円